Monumento à Amizade Sírio-Libanesa

Ricardo Maranhão e Estúdio Paladar

Árabes no Brasil - História e Sabor

Árabes no Brasil
História e Sabor

Árabes no Brasil - Influências na vida e na culinária 4

As influências mais remotas 5

Uma cozinha muito antiga... 5

A grande imigração no Brasil 7

Uma inserção urbana 8

Ascensão social 13

Conquistando cada palmo do país 14

Filantropia árabe 16

Participação na sociedade 16

Presença árabe na língua dos brasileiros 18

De mascates a doutores 19

O Islã no Brasil 21

A conquista árabe pela culinária 25

O sagrado reino da cozinha familiar 25

Afinal, o que vem a ser essa 'comida árabe' de que tanto gostamos? 28

O fenômeno do fast-food árabe no Brasil 30

Árabes no Brasil
Influências na vida e na culinária

Os brasileiros têm, em sua cultura e em seu imaginário, uma interessante visão sobre os árabes: de um lado, por causa da literatura e do cinema, é uma visão povoada de fantasias sobre palácios misteriosos, oásis de leite e mel, belas mulheres dançarinas de véus, jardins encantados e muitas lendas das "Mil e Uma Noites". De outro lado, porém, eles pensam naquele povo de uma maneira bem prosaica: árabes como comerciantes, homens de negócios e, acima de tudo, os inventores das esfihas. Isso em um país como o Brasil, que come nada menos que sete milhões de esfihas por dia!

Na verdade, a presença do Oriente Médio entre nós é muito mais forte do que isso. É uma presença decisiva, já que se calcula em 10 milhões o número de imigrantes árabes e seus descendentes residindo no país. É possível encontrar descendentes de árabes na maior parte dos mais dos 5,5 mil municípios brasileiros. Hoje, a comunidade de origem árabe no Brasil representa uma importante parcela da população, com representantes em áreas como comércio, indústria, administração pública, educação e cultura, justiça e saúde.

A influência dos árabes na culinária é notável: não só pelos milhões de esfihas, mas também por outras iguarias que nasceram da relação entre árabes e brasileiros, como o sanduíche batizado de "beirute". E, como fomos colonizados por portugueses, e estes viveram cinco séculos sob domínio árabe, o Brasil deve muito de suas características atuais à frutífera interação histórica com os povos do Oriente Médio, no remoto passado medieval e na época contemporânea. São temperos, ingredientes, perfumes e jeitos de ser que marcaram a cultura lusitana, e hoje fazem parte da nossa vida.

Imigrantes libaneses embarcando no porte de Beirut

As influências mais remotas

A tradição culinária dos árabes, seus aromas e temperos elaborados, suas técnicas de preparo chegaram primeiro aos portugueses: em plena Idade Média, Portugal e quase toda a Península Ibérica viveram sob a égide do poder árabe muçulmano, que ali se instalou a partir do ano 711. Durante as primeiras décadas do século VIII, a liderança árabe já se estendia ao sul da Itália, a todo o Mediterrâneo e ao norte da África.

Nas áreas onde os árabes venciam, a maioria da população se convertia ao Islamismo. Com a expansão, os islâmicos iam absorvendo aspectos da cultura dos povos conquistados; assim, seu conhecimento e sua cultura se tornaram superiores diante da barbárie da maioria dos povos europeus de então. Mais ainda, sua culinária se enriqueceu muito com as influências persas, egípcias, mediterrâneas, entre outras. Na Península Ibérica, exercem uma prática de cozinha muito rica e sofisticada, que trazia tradições muito antigas e não podia deixar de marcar os usos dos povos autóctones da região.

Uma cozinha muito antiga

Antes de Maomé e da expansão do Islã, grande parte do mundo árabe vivia uma vida muito simples, mas existia uma tradição milenar de boa comida, à qual os moradores das cidades como Meca e Medina, além dos povoados remanescentes da antiga Mesopotâmia (atual Iraque), tinham acesso.

No livro "Ancient Iraq", do arqueólogo Georges Roux, pode-se ter uma noção dessa boa comida, cuja descrição foi encontrada em documentos do grande palácio de Mari, em Tel Hariri, na Síria, referentes ao período entre 1800 e 1700 a.C.:

"Os alimentos podiam ser fervidos em água, algumas vezes misturados com gordura, no vapor, assados ou cozidos sobre brasas. Outro detalhe interessante era quanto à maneira de adicionar uma variedade de ingredientes na mesma mistura, produzindo, assim, sabores raros e apresentando iguarias perfeitas de maneiras apetitosas."

Séculos depois, com a expansão islâmica, essa culinária mesclada de várias tradições se enriqueceu muito mais com os aromas e condimentos da Pérsia: cominho, cardamomo, coentro, feno-grego, cúrcuma e gengibre, além da maravilhosa água de rosas. Adotaram-se também as massas ensopadas com mel e recheadas com nozes e amêndoas moídas.

Foram trazidos ingredientes mais complexos como arroz, pato e passas, e os sultões e califas aprenderam a deliciar-se com as frutas e com os segredos dos padeiros e confeiteiros egípcios. Através dos sírios, aprenderam a fazer a bahar e a pimenta síria, que geralmente leva cravo, canela, noz-moscada, gengibre e pimenta-do-reino preta e branca. Na Jordânia e no Líbano existe a zahtar — uma mistura de folhas de zahtar, manjerona, tomilho, sementes de gergelim torradas e as bagas vermelhas e amargas do sumagre. Os iemenitas acrescentaram a zhug — uma pasta de cardamomo, cominho, alho e malagueta moídos.

Chegando ao Ocidente, os exércitos islâmicos traziam muitas dessas iguarias. Traziam também conhecimentos de medicina acumulados em velhos centros de sabedoria do Oriente e do Mediterrâneo, como Damasco e Alexandria. Na bagagem de medicamentos, dois artigos fundamentais para a futura civilização: o café e o açúcar. Caríssimo, o açúcar era usado como remédio e produzido em pequena escala pelos técnicos muçulmanos, principalmente na Ilha de Creta. O café,

Vendedor ambulante de café, em Constantinopla, no início do século XVIII

poderoso estimulante, substituía a seu modo os poderes estimulantes das bebidas alcooólicas, proibidas pelo Corão.

Tudo isso passou a ser incorporado pelo povo que vivia na região em que mais tarde se formaria Portugal. A cozinha portuguesa, desde então, não vive sem os aromas das especiarias que aprendeu com os muçulmanos árabes ou "mouros", e ninguém em Portugal consegue começar a cozinhar sem dispor de, no mínimo, alho, cebola e alguma erva. Já, no Brasil, a influência árabe teria um grande incremento em épocas recentes, devido à grande imigração de levantinos para terras brasileiras na época contemporânea.

A grande imigração no Brasil

Desde sempre, os árabes buscaram comerciar em todos os lugares do mundo em que houvesse boas oportunidades. No Brasil Colonial, em particular no século XVIII — devido ao Ciclo do Ouro em Minas Gerais, Goiás e Mato Grosso —, as possibilidades mercantes foram muito grandes. Por isso, surgem referências sobre a presença de alguns mercadores árabes naquelas capitanias. Da mesma forma, a abertura dos portos brasileiros ao comércio com as nações amigas, em 1808, atraiu muitos comerciantes levantinos aos portos do Rio de Janeiro, de Santos e de Salvador, na Bahia.

Entretanto, a grande movimentação migratória do Oriente Médio para as Américas, a partir de meados do século XIX, tem como raiz fundamental um longo e doloroso processo de crise do Império Otomano, que levou inúmeros súditos a fugirem, principalmente da Síria e do Líbano, de onde veio o maior contingente de árabes para o Brasil.

Muitos deles, na verdade, procuravam os Estados Unidos, mas quando não cumpriam as exigências para desembarcar por lá, por não obter o visto de entrada, desciam dos navios no Rio de Janeiro ou em Santos, no litoral de São Paulo. A partir de 1860, o número desses imigrantes cresceu, ampliando-se muito mais durante a Primeira Guerra Mundial — de 1914 a 1918 — e chegando ao auge entre os anos de 1920 e 1940. Nesse período, estima-se que cerca de cinco mil imigrantes com passaporte turco tenham desembarcado por ano no Brasil.

Imigrantes desembarcando no porto de Santos - 1907

O Brasil foi um dos principais destinos da imigração de massa europeia, em que se destacam os portugueses, espanhóis, italianos e alemães. Os árabes, nesse quadro da imigração para o território brasileiro, são numericamente menos expressivos, entretanto logo ocuparam lugar de relevo na sociedade que escolheram para tentar novas oportunidades. Vindos principalmente da Síria e do Líbano, quase todos os imigrantes árabes preferiam se dedicar ao comércio, onde podiam fazer fortuna e eventualmente se transferir para a indústria e até para a agropecuária.

Uma inserção urbana

Para Jamil Safady, em sua obra "Panorama da Imigração Árabe", os imigrantes, principalmente depois de 1870, eram originalmente moradores do campo, lavradores ou proprietários de terras. No entanto, não se mudavam para o Brasil para dedicar-se à lavoura e preferiam atuar no que parecia mais propício à obtenção de lucros mais imediatos. A maior parte dos imigrantes sírio-libaneses que migrou para solo brasileiro estava disposta a trabalhar duro no que fosse preciso para conseguir um bom pecúlio. Esse desejo esteve presente durante todos os movimentos de adaptação e em todos os passos da construção da sua vida neste país.

"A maioria acreditava que apenas alguns anos de trabalho e remessas do dinheiro ganho na América seriam necessários para atingir certa estabilidade financeira, possibilitando a volta rápida para casa", afirma no livro "Os Árabes Acreanos", o historiador Marcos Vinicius Neves. "Efetivamente, um terço dos que imigraram retornaram aos seus países de origem, mas a grande maioria permaneceu constituindo família em diversas partes do continente americano. Aliás, a família, ao lado da religião, é o pilar da identidade de sírios e libaneses. Muitos imigrantes mandavam buscar esposas, ou voltavam às suas aldeias no Oriente para se casar e em seguida retornar para os locais onde tinham seus negócios. Some-se a isso ainda, que a decisão pela migração era tomada em família, sendo geralmente orientada por seu chefe — bem de acordo com o espírito patriarcal tão marcante no Oriente. Logo os primeiros sírio-libaneses desembarcados no Brasil perceberam que as maiores oportunidades estavam no pequeno comércio, princi-

Nacle Gannam, emigrante libanês antes de embarcar para o Brasil - 1920

palmente o itinerante. Essa atividade não necessitava de grandes capitais ou de habilidades específicas para ser iniciada e servia ao objetivo de manter uma relativa liberdade. Dessa forma, os pioneiros sírio-libaneses começaram a disputar espaço com os mascates italianos e portugueses que se espalhavam por todo o país. Começou, assim, a tradição brasileira de comerciantes sírio-libaneses, também conhecidos como "mascates turcos".

O imigrante recém-chegado geralmente se iniciava nas artes do comércio carregando as caixas e malas dos mascates estabelecidos, adquirindo a experiência dos mais antigos. Mal aprendia o mínimo de frases e expressões necessárias para as negociações, saía por conta própria com uma mala ou tabuleiro para vender as mais variadas mercadorias pelos bairros das capitais — principalmente na cidade de São Paulo, a que acolheu o maior número de imigrantes árabes —, do interior ou das zonas rurais carentes da oferta de produtos que se viam na capital.

Em "A Emigração Sírio-libanesa às Terras da Promissão", Taufik Duoun tece observações sobre o dia-a-dia dos comerciantes: "De manhã cedo saíam os mascates percorrendo as ruas e procurando as casas, suportando o calor, o frio e a chuva, levando o pão e qualquer coisa que pudessem adquirir, de preferência queijo e banana, para a única refeição diurna. Ao escurecer, voltavam com a féria do dia, completamente exaustos, para fazer a conta com o patrão. O lucro diário apurado ia sendo gradualmente creditado ao vendedor, e muitos formavam assim o capital inicial, para tornarem-se por sua vez comerciantes e atacadistas."

Duoun continua: "Secando as vendas no centro, buscavam os mascates os subúrbios, afastando-se gradualmente até chegar às cidades do interior, e de lá às fazendas e até aos sertões, sempre em ondas mais crescentes. Houve mascates que empreendiam viagens com caixas nos ombros pesando de oitenta a cem quilos, esgotando o estoque entre ambas as capitais, ida e volta e vice-versa. Com o crescimento do negócio e o poder de gastar, alugavam carregadores e mais tarde adquiriam burros de carga."

Mascate

vamente certo conseguir acumular, depois de alguns anos de trabalho, algum capital, o que nunca foi um dado seguro nem para colonos nem para os operários da época, que sempre conviveram com o fantasma do desemprego.

"Os mascates, sendo mais 'soltos', 'desgarrados' do tecido econômico e social, nunca tiveram por isso mesmo um limite próximo, uma perspectiva de ascensão delimitada estruturalmente como a das classes trabalhadoras no campo ou fabris. À sua frente um horizonte sempre relativamente mais amplo de possibilidades de melhoria de vida se abriu", escreve Truzzi.

Além disso, os mascates árabes normalmente trabalhavam para compatriotas ou parentes que lhes adiantavam as mercadorias a serem vendidas, permitindo que o pagamento fosse feito após a venda de parte dos produtos. O fornecedor, em geral, era um comerciante que havia logrado estabelecer uma loja após anos de trabalho como mascate, o que criava grande cumplicidade na visão de que aquela era uma atividade provisória, um estágio necessário para a acumulação do primeiro capital.

A despeito das agruras, a atividade representava uma boa forma de inserção no novo meio, uma vez que não exigia mais que conhecimento rudimentar do idioma, o qual se aperfeiçoava rapidamente pela própria natureza de um trabalho que exigia intensa interação com os brasileiros. Além disso, como destaca Oswaldo Truzzi em sua obra "De Mascates a Doutores", trabalhando como mascates, os árabes tinham como relati-

Apesar disso, não raro o mascate trabalhava com vários fornecedores ao mesmo tempo, o que lhe propiciava garantir a autonomia necessária para chegar a superar a condição de mascate e estabelecer seu próprio comércio. Isso era reforçado pelo fato de a atividade possibilitar um retorno rápido, fazendo com que a acumulação do capital inicial necessário para o negócio dependesse apenas do trabalho e do esforço individual.

O mascate sírio-libanês andava pelas fazendas do interior não somente como vendedor ambulante, mas como uma espécie de emissário urbano, sempre trazendo notícias ou novidades, às vezes levando até correspondências. Hospedando-se nas casas dos fazendeiros, o mascate era um dos poucos homens que tinham acesso às mulheres da casa-grande patriarcal. Invariavelmente discreto, dando mostras de honradez e respeito para com a família — qualidades culturais trazidas de sua terra natal —, o comerciante árabe podia passar horas na companhia das moças, oferecendo tecidos e sapatos, perfumes e joias, encantando o imaginário de consumidoras que viviam longe das grandes cidades.

Truzzi aponta, ainda, o êxito resultante da dedicação dos imigrantes árabes. "Trabalhando duro e gastando o mínimo para sobreviver, era relativamente segura a possibilidade de se amealhar um certo capital, sobretudo para os indivíduos solteiros, que vieram sem a família. Esse cálculo deve ter sido feito e posto em prática por uma grande parcela de sírios e libaneses que pelo menos até o final da Primeira Guerra Mundial sempre acalentou o sonho de um retorno farto, bem sucedido, à terra de origem."

De fato, muitos imigrantes — sobretudo os solteiros —, depois de algum tempo retornaram à terra natal com recursos expressivos.

Outros não retornaram, mas enviavam volumosas somas de dinheiro aos parentes que ficaram em seu país de origem. Embora não existam cifras exatas, nos Estados Unidos, um relatório da Comissão de Imigração endereçado ao Senado destaca que "os imigrantes sírios remetem mais dinheiro ao país de origem do que qualquer outra nacionalidade".

A base dessas atividades mercantis ficava, naturalmente, nos centros urbanos. Nas cidades, os árabes abriram pontos comerciais para a venda de armarinhos, tecidos e aviamentos em geral. Essas lojas normalmente se concentravam em uma determinada área da cidade, e assim ruas inteiras passaram a ser conhecidas como "rua dos árabes".

Ora, São Paulo se destacou como principal centro de absorção de imigrantes sírios e libaneses, atraindo 38,4% dos que entraram no Brasil em 1920 e 49,0% dos de 1940. Esses levantinos não só aportaram em São Paulo, como também chegaram de outros Estados da União, atraídos pelo desenvolvimento econômico e, principalmente, pelo seu parque industrial. São Paulo chegou ao ponto de se tornar a maior colônia libanesa do mundo. Uma das ruas onde os árabes predominavam tornou-se muito importante e significativa no comércio da capital paulista: a Rua 25 de Março, no Centro.

Rua 25 de Março - 1915

Árabes no Brasil - História e Sabor

O caráter eminentemente comercial da rua 25 de Março é bem antigo, assim como a presença árabe na região. A rua surgiu quando o rio Tamanduateí foi retificado, em 1849. Em 1867, uma parte da várzea foi aterrada, dando origem a um mercado municipal, onde mascates e vendedores de todo tipo ofereciam suas mercadorias. O núcleo comercial se adensou e, em 1880, já concentrava muitas atividades econômicas, a maior parte delas em mãos de imigrantes, que naturalmente se especializaram. Os portugueses vendiam produtos agrícolas, armarinhos e tecidos; os alemães, máquinas e instrumentos metálicos; os italianos, materiais de construção, além de manter lavanderias, padarias, barbearias e alfaiatarias.

Os primeiros registros de sírios e libaneses trabalhando nesse mercado são de 1885. Solteiros e pobres, residiam em pensões baratas e cortiços localizados nas imediações, na maioria das vezes em porões de velhos sobrados daquela antiga zona da cidade.

Oito anos depois, em 1893, aparece a primeira referência a casas de comércio estabelecidas por sírios e libaneses (seis lojas de armarinho e uma mercearia). Se como lojistas eles apenas se iniciavam, como mascates já dominavam a cena. Em "Sírios e Libaneses: Mobilidade Social e Espacial", Clark Knowlton estima que, nessa época, mais de 90% dos mascates da cidade de São Paulo eram árabes. Eles haviam sido bem sucedidos na substituição dos mascates italianos e, rapidamente, acumularam capital para inundar de pequenas lojas toda a região da rua 25 de Março.

Em 1901, já havia mais de quinhentos estabelecimentos de sírios e libaneses na região e clara-

Armarinho sírio-italiano na rua 25 de Março - 1950

mente mostravam uma tendência à especialização: 80% deles eram lojas de tecidos a varejo ou lojas de tecidos e armarinhos. A razão era simples: nesse segmento eles derrotaram a concorrência de outras nacionalidades.

Oswaldo Truzzi observa, ainda, outros aspectos sobre os meios de vida dos imigrantes árabes no Brasil. "Esta foi de modo geral a opção de especialização da colônia para o Brasil e em especial para São Paulo. Consta que os primeiros imigrantes teriam se estabelecido na cidade de Aparecida do Norte comercializando artigos religiosos, alguns importados de sua terra natal. Aos poucos, já como mascates, estenderam esse comércio ao ramo de miudezas e fazendas."

Ascensão social

Ao eclodir a Primeira Guerra Mundial, os sírios e libaneses já dominavam quase que exclusivamente a região da rua 25 de Março com suas lojas de varejo. Com a interrupção das importações causada pela guerra, desencadeou-se no Brasil um acelerado processo de industrialização para substituir essas importações.

O sucesso mais significativo dos imigrantes árabes ocorreu durante esse período, com sua entrada no setor industrial e no comércio atacadista. A colônia conquistou posições mais altas, tanto na indústria de confecções, como no comércio atacadista de fazendas e armarinho. Capitalizados, esses comerciantes árabes tornaram-se atacadistas e fornecedores de outros imigrantes conterrâneos que, recém-chegados ao país, necessitavam de apoio para se estabelecer.

"Embora nem todos os imigrantes tenham ficado ricos, a maioria abriu um pequeno comércio. De maneira geral, os que aportaram primeiro foram os que amealharam maior capital. As grandes fortunas das décadas de 40 e 50 eram justamente das famílias que trilharam pioneiramente o trajeto mascate-comerciante-industrial. Assim, se em 1907, das 315 firmas de donos sírios ou libaneses em São Paulo, cerca de 80% eram lojas de tecidos ou armarinhos, em 1930, eles eram proprietários de 468 dos 800 estabelecimentos de tecidos e confecções, de seis das dez fábricas de camisas, de 14 das 48 fábricas de roupas brancas. Entre as décadas de 40 e 50, o número de comerciantes varejistas diminuiu, enquanto o de atacadistas dobrou e o de indústrias, quintuplicou", explica Sebastião Pinto em "A Culinária Árabe em São Paulo: Um Estudo Histórico Gastronômico".

Eficientes nos negócios, até por suas tradições milenares, vendedores pertinazes e muito esforçados, os imigrantes passaram a ganhar dinheiro e a ser mais respeitados pela população. Aliás, muito rapidamente os sírios e libaneses se integraram ao povo brasileiro, com facilidade de adaptação social. E, embora chegassem aqui marcados por um padrão cultural de se casar dentro do próprio clã e com pessoas da mesma origem, rapidamente apresentaram boa disposição para casamentos mistos: a partir de 1940, uma parcela considerável dos árabes passou a se casar com as mulheres brasileiras. Por isso mesmo, e por fazer amigos com relativa facilidade, os levantinos ajudaram a plasmar hábitos e a difundir o gosto pela sua culinária.

Conquistando cada palmo do país

Para mascatear e abrir suas lojas, os imigrantes de origem árabe escolheram, sobretudo, São Paulo, Paraná, a Região Amazônica e, em menor escala, Minas Gerais, Rio de Janeiro e Goiás. A partir dos centros urbanos maiores, entretanto, eles conquistaram o país.

Ao partirem de trem, bicicleta, barco ou no lombo de burro para vender suas mercadorias em qualquer canto do Brasil onde houvesse possíveis compradores, os imigrantes ajudaram a povoar o Brasil, espalhando a influência árabe no país. Em todos os estados há descendentes de árabes e, em diversos deles, sua contribuição para a economia local foi marcante.

No Paraná, onde chegaram entre 1915 e 1920, os árabes estavam entre os pioneiros na indústria de madeira, móveis e construção. "Favoreceram a industrialização, a agricultura, o comércio e o setor bancário", diz o dirigente da Câmara de Comércio Árabe Brasileira (CCAB) do Paraná, Kamal David Curi.

Como os mascates árabes buscavam as oportunidades onde elas estivessem, sua dispersão pelo país foi acompanhando no tempo e no espaço os

Ilustração representando um regatão na Região Amazônica

ciclos econômicos da história do Brasil. Foi grande o contingente de árabes que se dirigiu para a Amazônia na virada do século XIX para o XX, em função do apogeu da extração do látex da seringueira. Eles ofereciam seus produtos aos seringueiros e aos barões da borracha em plena Amazônia, mascateando ao longo dos rios em barcos chamados "regatões", apelido que logo foi imputado aos próprios comerciantes. O pai do médico e ex-ministro da Saúde, Adib Jatene, abastecia com sal, batata e tecidos os seringueiros de Xapuri, no sertão do Acre. Quando a economia do café explodiu no interior de São Paulo, lá foram os mascates árabes para as porteiras das fazendas do interior daquele Estado, bem como do Rio de Janeiro, Paraná e Minas Gerais, enfrentando a febre amarela e o temperamento arredio da gente do interior, vender tecidos, botões e roupas aos lavradores e seus patrões. A dispersão foi intensa: a embaixada do Líbano no Brasil garante que há ao menos um representante da colônia em cada um dos mais de cinco mil municípios do país.

Não foram poucas as dificuldades que esses imigrantes enfrentaram para conquistar seu espaço social e econômico em cada uma dessas regiões.

Na Amazônia, onde eles se estabeleceram, um estudioso destaca: "O regatão passava um período regateando pelas beiradas de rios, apenas o suficiente para acumular capital. Logo os "turcos" estavam abrindo uma porta de comércio em qualquer dos núcleos urbanos em formação na Amazônia, particularmente no Acre."

Com a prosperidade proporcionada pelo comércio, os árabes começaram a participar de clubes políticos, da fundação de clubes esportivos e de diversas outras atividades que lhes renderam dividendos sociais. Assim, puderam se considerar parte integrante e fundamental da sociedade e da economia das regiões por eles habitadas.

Club Homs, em São Paulo

Club Sírio, em São Paulo

Club Monte-Líbano, em São Paulo

Filantropia árabe

Na medida em que ganhavam dinheiro, as famílias sírio-libanesas partiam para ampliar o seu prestígio por meio de obras filantrópicas. Orfanatos, asilos, ligas de senhoras promotoras de campanhas filantrópicas e mesmo clubes sociais, todos foram alvos da generosidade dos mais ricos, que ampliaram muito sua projeção social com essas iniciativas filantrópicas. Proliferavam nos jornais as reportagens sobre cerimônias de inauguração de instituições, pavilhões ou lançamento de campanhas beneficentes, iniciativas que muito aumentaram o prestígio da comunidade árabe no Brasil.

Dentre essas obras, cabe destacar a fundação do Hospital Sírio Libanês, tanto pela excelência da instituição, reconhecida hoje como um dos melhores hospitais do Brasil, com profissionais de primeira linha e equipamentos de ponta, como pelo atendimento gratuito que presta à comunidade carente com a mesma qualidade da medicina privada que oferece às mais abastadas famílias.

Hospital Sírio-Libanês, em São Paulo

Para construir o hospital, um grupo de mulheres de origens síria e libanesa fundou, em 1921, a Sociedade Beneficente de Senhoras. As obras começaram dez anos depois e foram concluídas em 1940. O edifício, entretanto, passou muitos anos ocupado pela Escola de Cadetes e, só em 1965, o Hospital Sírio Libanês pôde ser inaugurado.

Os longos 44 anos decorridos entre a ideia de criação do hospital e seu funcionamento efetivo, evidenciam a atitude pertinaz da colônia, liderada por Adma Jafet, que com o mesmo grupo inicial inaugurou o estabelecimento hospitalar, hoje uma referência na medicina brasileira.

Participação na sociedade

Com a prosperidade proporcionada pelo comércio, os árabes começaram a participar de clubes políticos, da fundação de clubes esportivos e diversas outras atividades que lhes renderam dividendos sociais. Assim puderam se considerar parte integrante fundamental da sociedade e da economia das regiões por eles habitadas.

A vocação para o comércio e a vontade de subir na vida nas veias levaram os imigrantes aonde estavam as oportunidades. No caminho, promoveram uma verdadeira revolução no comércio popular, introduzindo novidades como vendas a crédito, redução da margem de lucro compensada pela quantidade, alta rotatividade de estoque e promoção de liquidações. Assim, com capacidade inovadora e sensibilidade para as oportunidades, o trabalho duro podia ser recompensado rapidamente. Miguel Estefano, por exemplo, chegou ao Brasil em 1879 e seguiu a trajetória clássica: mascate, varejista, atacadista, industrial.

Mascateou durante quatro anos. "Foi a Ribeirão Preto, Rio de Janeiro, Campinas. Tudo a pé", conta sua filha Maria, no depoimento registrado no livro "Memórias da Imigração, Libaneses e Sírios em São Paulo". De mascate, passou a dono de loja de armarinho, atacadista de tecidos e dono de fábrica de fios.

Em todo o Brasil eles se tornaram conhecidos como "homens de negócios". Foi em São Paulo, porém, sobretudo a partir da industrialização impulsionada pela Primeira Guerra Mundial, que os imigrantes árabes fizeram as maiores fortunas. E nesta metrópole que os filhos e netos de imigrantes levam adiante centenas de lojas e indústrias da área de confecção.

Entre todas as grandes fortunas, a maior provavelmente era dos Jafet. Eles praticamente fundaram o bairro do Ipiranga, em São Paulo, onde ergueram fábricas, prédios de apartamentos para seus cerca de dois mil operários e uma dezena de palacetes para toda a família. Os Jafet, porém, não eram os únicos ricos da colônia. Em 1930, a Avenida Paulista, então o endereço mais elegante de São Paulo, tinha 22 mansões cujos donos eram de origem árabe.

Casarão no bairro Ipiranga, em São Paulo

A família Jafet

Uma dessas mansões era de Nassib José Matar, fundador da Paramount, maior fábrica de fios de fibra longa da América do Sul. O industrial começou tocando um burro carregado com tecidos e dormindo numa barraca. Foi mascate durante três anos logo que chegou ao Brasil, nos últimos anos do século XIX. A historiadora Flávia Varella, em "Patrícios - Dinheiro, Diploma e Voto: a Saga da Imigração Árabe", analisa a história de Matar: "Antes da virada do século, abriu uma loja. Dois anos depois, comprou seis teares e fundou uma fábrica de seda misturada com fios de viscose, uma novidade até na Europa. Trabalhava dezoito horas por dia para concretizar o sonho de todo imigrante: criar bem a família.

Com estes antecedentes, muitos filhos e netos de árabes acabaram tornando-se líderes empresariais.

Presença árabe na língua dos brasileiros

A formação da língua luso-brasileira apresenta marcas fortes da influência árabe. Não apenas nos vocábulos científicos, que marcaram todas as principais línguas ocidentais porque trataram de descobertas essenciais do conhecimento — é o caso da palavra álgebra, derivada do nome do estudioso Jábir Ibn Hayyan (al-Geber), e da palavra algarismo, advinda do nome do matemático Al-Khwarizmi —, como também em palavras do cotidiano. Centenas de vocábulos árabes ocupam o nosso linguajar mais corriqueiro: açougue, açude, adobe, alarido, alazão, algibeira, algodão, andaime, anil, anta, armazém, arrabalde, arroba, arroz, azeite, azeitona. E para que não se diga que não passamos do A, temos bairro, beringela, cetim, cifra, elixir, enxoval, fardo, fulano, limão, marfim, nuca, oxalá, rês, roça, safra, salamaleque, sapato, sofá, taça, talco, tarifa, xadrez, xarope, xerife — e chegamos até o Z: zarcão, zênite.

De mascates a doutores

Com o enriquecimento de uma parcela expressiva da colônia, os imigrantes logo perceberam que, para alavancar sua ascensão social em meio a uma elite de doutores, precisariam acrescentar estudo ao capital acumulado. Assim, além da filantropia, os árabes começaram a investir fortemente na educação dos filhos, prática que criou uma realidade diferenciada para os descendentes dos imigrantes árabes no país: eles acabaram se destacando muito como profissionais liberais de sucesso, sobretudo médicos, e, ainda mais, como políticos. O número de descendentes árabes na política brasileira é proporcionalmente muito maior que o de qualquer outro grupo de imigrantes. No âmbito nacional, esses descendentes da colônia sírio-libanesa representam algo em torno de 7% ou 8% do total de congressistas, sendo, de longe, a maior colônia no Congresso, embora o número de sírios e libaneses que imigraram para o Brasil entre o final do século XIX e a primeira metade do século XX seja muito inferior ao de outras nacionalidades. De fato, eles ficam em sétimo lugar no ranking da imigração por etnias. No Mato Grosso do Sul, os árabes já chegaram a representar um terço dos políticos. Na capital paulista, quase um de cada cinco vereadores é da colônia.

Ex-prefeitura de São Paulo, cuja arquitetura mostra uma forte influência árabe

O Islã no Brasil

O Brasil conta hoje com um milhão de muçulmanos espalhados por todo o território brasileiro, sendo que as maiores comunidades se encontram nas cidades de São Paulo, Brasília, Rio de Janeiro, Curitiba, Porto Alegre e Foz do Iguaçu.

Na sua maioria, são descendentes de libaneses, sírios, palestinos, egípcios e outras nacionalidades, somando-se a eles muitos outros naturalizados brasileiros.

A cada ano que passa aumenta ainda mais o número de brasileiros convertidos ao Islã existem hoje centros islâmicos fundados por brasileiros, onde há diversas atividades tanto religiosas, como de divulgação do Islamismo para os brasileiros, com palestras em escolas, faculdades e universidades, distribuição de livros com temas da religião Islâmica e panfletos informativos.

Em todo o país existem mais de 100 mesquitas e salas de oração. Na capital paulistana, há 5 mesquitas, incluindo a primeira edificada na América Latina, a Mesquita Brasil, a principal mesquita do Brasil, construída em 1929.

1, 2 e 3 - Mesquita em Foz do Iguaçu, no Paraná.
4 - Mesquita do Brás, em São Paulo.
5 e 6 - Mesquita em Curitiba, no Paraná.

A conquista árabe pela culinária

Muitos árabes e seus descendentes tiveram uma inserção vitoriosa na vida brasileira. Entretanto, a grande maioria deles trazia no fundo de suas mentes as boas lembranças de sua rica culinária. Muitos mantiveram sua identidade cultural através desses hábitos culinários e, em suas cozinhas domésticas e familiares, continuaram a fazer seus pratos tradicionais no Brasil, particularmente em São Paulo. Ainda que seus ingredientes básicos não fossem impraticáveis em solo brasileiro, os imigrantes tiveram que adaptar as receitas aos ingredientes disponíveis entre nós. Talvez a maior adaptação verificada — e perpetrada até hoje — tenha sido a substituição da carne de carneiro pela bovina. O resultado pode ser apreciado, antes de tudo, no mais que popular quibe, sempre de carne bovina moída, e no recheio das esfilhas, ambos, desde então, ao novo jeito brasileiro.

O sagrado reino da cozinha familiar

As verdadeiras tradições dessa cozinha árabe, que aqui chegariam através da grande leva de imigrantes sírios e libaneses do início do século passado, eram baluarte, ou território dominado e regido unicamente pelas mulheres: nenhum homem punha o pé na cozinha, a não ser que fosse para antecipar os prazeres que dali advinham, surrupiando algum dos quitutes em preparo. Aquelas mulheres passavam os dias de suas vidas ali, ao pé do fogão, ou diante do pilão para debulhar o duro trigo, sempre na presença de travessas e panelas que transbordavam os segredos de receitas passadas de geração a geração. Porque uma família árabe sempre teve como 'altar', ou ponto de convergência de todos os seus agregados, a mesa de refeição — que, por sinal, era servida várias vezes ao dia. Aos domingos, essa mesa costumava abrigar cerca de 30, 40, ou até mais comensais. Nesse dia, a família inteira se reunia em torno de um lauto almoço, no qual figuravam uma média de duas dezenas de pratos variados, cujos preparativos envolviam a ajuda de várias mulheres da família — que não raro já começavam a labuta desde a sexta-feira. O advogado João Salem, hoje aos 88 anos, ainda recorda o palacete da avenida Paulista que pertenceu a um dos tios, Nagib Salem, que se tornou um próspero comerciante de tecidos, e a quem visitava na companhia do paiem para inesquecíveis almoços de família: "Minha tia, ao lado de uma porção de mulheres, entre primas, outras tias, noras, todas sempre naquela cozinha — onde me lembro que pacientemente socavam os grãos de trigo num enorme pilão de madeira, para em seguida preparar em bacias imensas a mistura para o quibe cru."

Sírios e libaneses que entraram pelos portos brasileiros naqueles primeiros tempos eram em sua imensa maioria cristãos ortodoxos, ou cristãos maronitas. A origem religiosa pode explicar a maior facilidade com que as mulheres dessas famílias conquistaram nas próximas gerações a sua completa inclusão no modo de vida ocidental. Portanto, nesse núcleo, bem como em outros contingentes da sociedade brasileira, aquela mulher, "rainha do lar" — e especialmente do reinado da cozinha — foi cedendo vez às exigências e velocidade dos novos tempos. Quanto à tradição da mesa árabe, por elas salvaguardada no reduto familiar durante os tempos que se seguiram à imigração, agora restaria ficar sob a batuta dos restaurantes, das casas de esfihas, dos fast-food árabes e dos muitos estabelecimentos comerciais, fundados por descendentes daquelas famílias. Eles tanto difundiram sua cozinha de origem, que ela se infiltrou radicalmente no gosto e hábitos deste país.

Relatos de hábitos ancestrais são frequentes entre descendentes e fazem também parte do álbum de memórias de Samir Cauerk Moysés e de Fernando Demetrio Camasmie, netos daquela geração de imigrantes sírios e libaneses, e atualmente na direção do tradicional restaurante paulistano Folha de Uva. Eles confirmam que era através da cozinha de casa que se mantinha o vínculo com a distante terra de origem.

Samir relata um interessante episódio biográfico: seu pai havia sido criado no Líbano, pois retornara ainda pequeno com a família do pai dele, um imigrante que havia se estabelecido no Rio de Janeiro e fora dono de um restaurante na famosa Rua da Alfândega, onde se concentraram os precursores desta colônia. O pai de Samir retornou ao Brasil na década de 40 para se radicar definitivamente. Muitos anos mais tarde, a constatação daquele filho de imigrante foi que o Líbano contemporâneo pratica uma culinária bem mais globalizada e menos fiel àquelas velhas raízes dos séculos passados. Tradição que se mantém no Brasil até os dias atuais. "A cozinha libanesa do Brasil ainda permanece extremamente fiel a suas raízes", assevera Samir Moysés.

Outra curiosidade nos testemunhos de Samir: aquele avô, que passou tempos no Rio de Janeiro, ficou célebre na época por ofertar diariamente, ao entardecer, um prato de comida e alguns trocados para todos os pobres que batessem na porta do seu estabelecimento. "A história foi se espalhando e a cada dia havia mais necessitados se amontoando por ali, esperando a comida e o dinheirinho. Eram tantos,

Recorte de jornal representando o avô de Samir distribuindo comida

e faziam alguma confusão na frente do restaurante; assim, meu avô instituiu o sistema da fila, que foi muito conhecida naqueles tempos", conta o neto. Os jornais da colônia árabe, que então eram escritos na língua de origem e feitos para os imigrantes, deram destaque à personalidade generosa do avô.

As festas e cerimônias familiares, como casamentos por exemplo, constituíam um interminável ritual gastronômico, onde as famílias faziam questão de exibir o seu melhor empenho na oferta de banquetes, conta Fernando Demétrio Camasmie. Ele também comenta que seu avô formou o seu filho mais velho segundo os cânones da tradição, escolhendo-o para dar continuidade aos prósperos negócios do comércio. A família também chegou a erguer um belo casarão na avenida Paulista, de onde Fernando conserva a lembrança da avó em suas reuniões femininas com as amigas e parentas para o chá beneficente das terças-feiras quando, entre uma infinidade de doces e pratos deliciosos, dedicavam-se a ações sociais: "Os pastéis de forno, recheados de ricota ou de carne, que minha avó sabia fazer são inesquecíveis."

Fazer a comida de origem em suas casas, mesmo o pão, era um elemento de preservação da identidade de sua cultura nativa. A imigrante Nassib Abib nos conta: "Os árabes conservam suas tradições muito através da culinária, com pratos específicos para cada data. Tem o docinho do Dia de Reis, frito e posto em calda, que os libaneses acreditam trazer sorte; tem a sopa de bolinhas de trigo, a zaneker, que é feita na Sexta-feira Santa; há uma espécie de canjica à base de trigo, que leva nozes, uva passa, milambas, que é feita quando nasce o primeiro dentinho da criança... O trigo é o símbolo da fertilidade. Minha mãe fazia esses pratos, e depois que ela morreu, uma senhora, também libanesa, continua preparando para a gente."

Por tudo isso, essa senhora e o seu marido resolveram abrir um estabelecimento junto à 25 de Março para vender comida e ingredientes árabes — a Mercearia, depois Empório São Jorge. Nassib lembra: "No início, era só uma pequena mercearia, com portas de madeira, onde a gente vendia alguns ingredientes da cozinha árabe, como trigo, farinha de semolina, além

Empório com produtos árabes em Curitiba, Paraná

de pão sírio, alguns doces e esfihas abertas que a gente fazia num pequeno forno."

Ora, o mais interessante é que, com o tempo, muitos dos compradores do empório eram também brasileiros. As senhoras sírias e libanesas ensinavam aos seus vizinhos os métodos e as manhas de se fazer os pratos de mais sucesso da sua cozinha, aproveitando bem as carnes moídas com trigo para os quibes, e o leite talhado para as belas coalhadas. Logo as pessoas que tinham parreiras em seus quintais descobriram um maravilhoso uso para as folhas de uva: fazer charutinhos, enrolando-as com recheio de arroz e carne bem temperados, cozendo-as.

Outros produtores culinários árabes na capital paulista têm uma especial atenção aos ingredientes básicos. É o caso de Leila Youssef Kuczynski, que em 1986 abriria uma rotisserie de nome Arábia, depois transformada em restaurante de qualidade, tendo anexa uma produção de doces. Leila define a comida árabe como muito simples. "É a folha encontrada no quintal e os grãos, que formam a base da alimentação — além da carne em pequena proporção. É uma alimentação simples e equilibrada", resume. Já a confeitaria se baseia em duas massas, a philo e a cabelinho de anjo, "que não é a mesma que conhecemos no Brasil como aletria", destaca. Tanto no Brasil como no Líbano, essas massas são sempre feitas por homens por exigirem trabalho braçal pesado.

Afinal, o que vem a ser essa 'comida árabe' de que tanto gostamos?

Não são poucos os pratos da cozinha árabe que se consagraram no Brasil. Basta dar uma espiada no cardápio dos muitos pontos comerciais que oferecem serviço "delivery" no gênero: homus, babaganuch, taboule, quibe cru, fattouch, falafel, michui, kafta, beirute, coalhada seca, charuto de folha de uva, de repolho, abobrinha recheada, arroz com lentilhas, arroz marroquino, berinjela recheada... São alguns nomes de pratos que se tornaram absolutamente familiares ao brasileiro médio. Qualquer restaurante ou lanchonete que se proponha a oferecer comida árabe possui ao menos essa lista básica — sem falar, é claro, em quibes e esfihas.

A chamada cozinha "levantina" abrange toda a região anteriormente conhecida como "Grande Síria", e hoje dividida em Síria, Líbano, Iraque, Jordânia e Palestina, apresentando a mais homogênea etnia da região e por isso conservando muitos traços culturais comuns, incluindo a culinária. Esta, por sua vez, guarda muitas semelhanças com outras cozinhas do Mediterrâneo Oriental.

A semelhança entre essas cozinhas fica nítida pela larga utilização do azeite de oliva, pela profusão de alho e cebola, temperos como salsinha, cebolinha verde, hortelã — além de especiarias como za'atar, cardamono, noz-moscada, canela, essências perfumadas, entre outras. Todas as cozinhas do Levante apresentam a mezze, ou prato de entradas frias, com legumes ao natural — como pepinos, rabanetes e tomates, incluindo a cebola crua — e mais a variedade de pastas ou cremes, como o homus e a babaganouche — feitos respectivamente com grão-de-bico e berinjela — e a base de tahine (pasta de gergelim). O nosso conhecido pão árabe é outra unanimidade — e é utilizado para apanhar os alimentos do prato.

Uma mezze completa ainda deve apresentar o taboule, a labaneh (coalhada seca), o falafel (bolinhos de favas) e ainda pode incluir a hammara (pasta de pimentão vermelho, com nozes e noz moscada). Originária da Síria e difundida por toda a região, a esfiha — de carne moída de carneiro, temperada com

bastante alho e caldo de limão para finalizar — acompanha invariavelmente essa refeição inicial, para abrir o apetite... Os legumes costumam ser apreciados ao natural, sem cozimento. Os alimentos cozidos, ou chamados pratos quentes, raramente utilizam manteiga, muito menos cremes da gordura do leite. E se essa culinária não se sobressai por uma variedade de molhos, em compensação está amparada num vasto repertório de especiarias, ervas aromáticas e ingredientes frescos.

O arroz e outros grãos, como o trigo, a cevada, as lentilhas e o grão-de-bico, compõem o importante pilar de sustentação da dieta levantina. Um prato bastante comum, tanto na região de origem quanto em sua versão brasileira (aliás, bem fiel às origens) é a mujaddara, ou arroz cozido com lentilhas. Outra adaptação que ganhou a simpatia nacional é o prato batizado de "arroz marroquino" — espécie de risoto de frango, com amêndoas, ou castanhas (de caju) e outras pequenas estilizações.

Outros ingredientes priorizados na dieta levantina combinam sementes, muito nutritivas, a exemplo do gergelim e semente de girassol, várias qualidade de nozes, frutas secas (como damascos e tâmaras), muito mel e sempre o indispensável iogurte. Qualquer manual básico de nutrição pode esclarecer a importância funcional e preventiva desse tipo de ingredientes. Sua qualidade nutritiva e saudável é praticamente medicamentosa. Talvez a única objeção, nos dias de hoje, em que as pessoas em geral são obcecadas pelo 'slim', seria quanto à doçaria árabe — ainda que muito saudável porque mergulhada em mel — é irremediavelmente calórica.

O fenômeno do fast-food árabe no Brasil

Durante o dia ou à noite, para fazer um lanche rápido ou substituir uma refeição, os brasileiros consomem os quibes e as esfihas com uma naturalidade impressionante, como se fosse um hábito alimentar

dos mais tradicionais na vida brasileira. Uma aceitação menor, porém significativa, tem se dado também com outros pratos árabes, quase todos introduzidos pelos sírio-libaneses e mantidos por seus descendentes, a exemplo das entradas frias, como as pastas de berinjela e grão-de-bico, ao lado dos sanduíches batizados de beirutes (recheados de toda variedade de frios, carnes, queijos e molhos, mas sempre no tradicional pão árabe) e que se tornaram uma unanimidade nacional, encontráveis em quase todas as lanchonetes e padarias. Porém a mais popularizada de todas, ainda mais comum que a esfiha, talvez seja o quibe frito: não há botequim, por mais singelo e tosco que seja, nos mais remotos cantos do Brasil, que não ofereça sua versão popular do bolinho de carne árabe — mesmo que na maioria desses casos, de quibe mesmo, tenha apenas restado o nome...

Para atender à demanda gerada por essa tão grande aceitação, atualmente, vários negociantes passaram a oferecer tais artigos dentro de uma estrutura crescente de redes de fast-food, com notável sucesso.

Não é fácil imaginar que uma só rede de lojas venda no Brasil 50 milhões de esfihas e 30 milhões de quibes todo mês. Mas é o que acontece com o Habib's. Com 305 lojas espalhadas pelo país, 18 mil funcionários e mais de 150 milhões de consumidores, o Habib's tornou-se a maior cadeia de fast-food árabe do mundo, ficando atrás apenas do americano McDonald's. Explorando a aceitação fácil dos ícones dessa tradicional cozinha libanesa, a marca Habib's fundamentou seu comércio na oferta do produto principal, a esfiha, por um preço sem concorrentes e muito abaixo da média praticada no mercado. Assim funcionou como espécie de produto 'locomotiva', apostando numa rotatividade e no alto volume de

produção. Foi a definitiva popularização dos símbolos da cozinha libanesa, adaptados às novas tendências do mercado da alimentação.

Outra rede de fast-food árabe, não tão grande quanto o Habib's, mas em plena expansão, é a Mister Sheik. Seus proprietários são portugueses e não têm nenhuma descendência árabe. "Vimos que a comida árabe era um produto muito bem aceito no mercado e que o nosso concorrente vendia muito bem", afirmou a diretora da rede, Renata Nogueira.

Na outra ponta do fenômeno persiste a vertente pela modernização, porém, sedimentada na tradição herdada dos imigrantes árabes. É o exemplo de casas que surgiram lá pelos anos 50/60, então nomeadas como "rotisseries", que eram

Renata Nogueira

especializadas em fornecer além do quibe e da esfiha, alguns pratos rápidos da culinária de origem. Podia-se comer ali mesmo, no balcão ou em pequenas e despretensiosas mesas, ou levar para casa os frescos e apetitosos alimentos daquela prática cozinha; uma vez em casa, era só esquentar no forno, ou nem isso, e servir. Eram os primeiros passos do atual delivery.

Jamil Jaber, um imigrante libanês da primeira metade do século passado, fundou em São Paulo, no bairro da Vila Mariana, em 1952, uma casa ao estilo rotisserie. Logo ficou conhecida como a "melhor esfiha" da cidade. Seu irmão foi para o Guarujá e lá abriu uma filial; e então, as filas na porta do Jaber litorâneo, nos períodos de férias, por muitos anos, se mantiveram quilométricas.

Os tempos são outros e hoje a marca Jaber, ainda em mãos da família, expandiu numa direção similar ao fast-food. São 8 pontos, concentrados entre o endereço original, na rua Domingos de Moraes, e os bairros de Pinheiros, Itaim e Jardins. E mais lojas ainda deverão ser inauguradas. A rede é comandada pelo filho de Jamil, Mauro Jaber, que instituiu o modelo da cozinha central, visando padronizar a qualidade do abastecimento de todas as lojas. Num único endereço, como o Jaber estabelecido no bairro do Paraíso, o volume médio de venda de esfihas chega a 2 mil/dia. O quibe frito vem em segundo lugar, seguido das pastas e do quibe cru. Os doces árabes também são bem requisitados e desfrutam do prestígio da marca Jaber.

"Ou seja, estamos expandindo, estamos atentos aos novos anseios e tendências do público, mas não abrimos mão da qualidade, nem tão pouco daquela cozinha que meu pai praticou. Fast-food é um conceito que se encaixa com relativa propriedade ao nosso tipo de varejo, porém conservando sua personalidade ímpar", analisa Mauro Jaber.

Um outro tipo de rede, que tem características de fast-food, mas começou com uma culinária árabe muito elaborada e uma grande variedade de pratos, é a do Almanara. Nascido no centro de São Paulo, em 1950, sob a direção da Família Coury, com receitas familiares autênticas e centenárias, o primeiro Almanara começou conquistando a clientela de bom gosto, graças à rica gastronomia do Levante, preservando tradições. Até meados dos anos 70, o restaurante se manteve como um dos mais requintados no gênero. Mas, atento às mudanças nos hábitos alimentares da metrópole, que se aceleravam na mesma proporção do seu crescimento, o Almanara, sob a direção da nova geração da família, conseguiu se destacar, antecipando-se como um pioneiro no estilo "fast-food" (a expressão na verdade nem existia, ou não havia sido incorporada ao vocabulário nacional, pois nem a rede McDonald tinha chegado por aqui).

Conservando o prestígio que a marca havia conquistado, os filhos do fundador ampliaram e remodelaram parte do antigo endereço, criando um espaço anexo, com esmerado serviço de balcão e instituindo um serviço mais ágil e flexível para suas caprichadas receitas — sem se descuidar, no entanto, da qualidade dos ingredientes, nem do princípio de manter fidelidade a algumas de suas consagradas receitas originais. O sucesso foi tamanho, que a Av. Vieira de Carvalho, também no centro paulistano, logo ganharia a segunda casa Almanara, nos mesmos moldes de 'lanchonete' — porém já com toda a aura de modernidade que os tempos pediam e anunciavam.

Em seguida, com o crescimento do bairro dos Jardins, este novo conceito do Almanara — onde se podia comer tão bem quanto num restaurante de primeira linha, porém gastando-se bem menos tempo e dinheiro — transfere-se para um novo centro do consumo da Paulicéia, ao mesmo tempo que acompanhava a escalada e a tendência pelos shopping-centers.

Como se vê, a herança deixada pelos árabes no Brasil é preciosa. Não só na culinária, que apresenta ingredientes, sabores e cheiros singulares — com uma dieta que coincide com os anseios por uma nutrição equilibrada, prática, e econômica —, como também em várias outras esferas. A valorosa contribuição cultural, social e econômica dos "levantinos" é evidente e exemplo de generosidade e cidadania de um povo que fez e ainda faz História.

Breves histórias de alguns cozinheiros e suas receitas

com pitadas da magia e temperos das Mil e Uma Noites

Leila Youssef Kuczynski 36
* Quibe Cru de Salmão
* Manjar Libanês – Mhallabye
* Knefe

Myrian Abicair 42
* Quibe de Legumes (sem farinha)
* Charuto de Carne Moída e Arroz
* Esfiha de Ricota com Espinafre

Morena Leite 48
* Tabule com Castanha de Caju
* Kafta de Mignon na Raiz de Capim-Santo Recheada de Pupunha
* Kibe de Berinjela

Marina Mattar 54
* Geleia de Damascos
* Doce Al Basha
* Kibe de Abóbora

Aline Atala 60
* Michui de Pintado
* Couscous Marroquino
* Frango com Arroz e Amêndoas

Maria de Lourdes Bolsonaro Ghanem 66
* Babaganoush
* Homus Bil Tahina (Pasta de Grão-de-Bico)
* Baklava

Rodrigo Libbos 72
* Manakiche de Zaatar e Snoubar
* Kaftas de Cordeiro e Pistache com Pão, Tomate e Pimenta Cambuci Grelhadas, Salada de Cebola e Molho de Iogurte
* Kibe de Mandioquinha, Mechui de Robalo ao Molho de Tahine e Salada

Samir Cauerk Moysés 78
* Quibe Cru
* Bacalhau Mourisco
* Fatti de Cordeiro

Aida Oumairi 84
* Arroz com Lentilha – Mjadara
* Batata Recheada com Carne e Snoubar
* Ataif de Nata com Pistache

Barbara Kerr 90
* Pudim de Leite com Calda de Maracujá
* Salada doce de Halawa e Goiaba com Sorbet de Melancia e Água de Rosas
* Torta Filo de Semolina e Catupiry com Praline de Laranja e Amendoim

Leila Youssef Kuczynski
Arábia - São Paulo

Desde que abriu o restaurante Arábia, em 1987, junto com o marido Sergio, a Chef Leila Youssef Kuczynski criou uma nova referência em São Paulo. Através das receitas de família executadas primorosamente e sempre com ingredientes de primeira qualidade, Leila manteve-se fiel às tradições gastronômicas do país de seus pais, podendo se orgulhar de ser hoje considerada uma espécie de reserva cultural da tradição libanesa no Brasil. Leila nasceu em Barretos, São Paulo. Aprendeu a falar árabe quando viveu no Líbano, na sua infância, período que começou a encantar-se com as receitas de família, então aprendidas com as avós e tias.

Quando abriu o Arabia, Leila pesquisou entre amigos e parentes as mais antigas tradições no preparo da culinária árabe. Para completar, ela trouxe do Líbano um pâtissier, que treinou uma equipe especializada na confeitaria libanesa, fazendo dos doces um dos grandes destaques da casa.

Rendimento: 6 porções | Tempo de Preparo: 20 minutos

Quibe Cru de Salmão

Ingredientes
150g de trigo claro
750g de salmão
100g de cebola roxa
sal a gosto
1 pitada de raspas de limão
1 pitada de pimenta vermelha sem semente
1 pitada de pimenta síria
1 pitada de pimenta-do-reino branca

Modo de preparo
Lave o trigo em água pura.

Pique o mais fino possível o salmão e a cebola.

Misture bem todos os ingredientes e porcione.

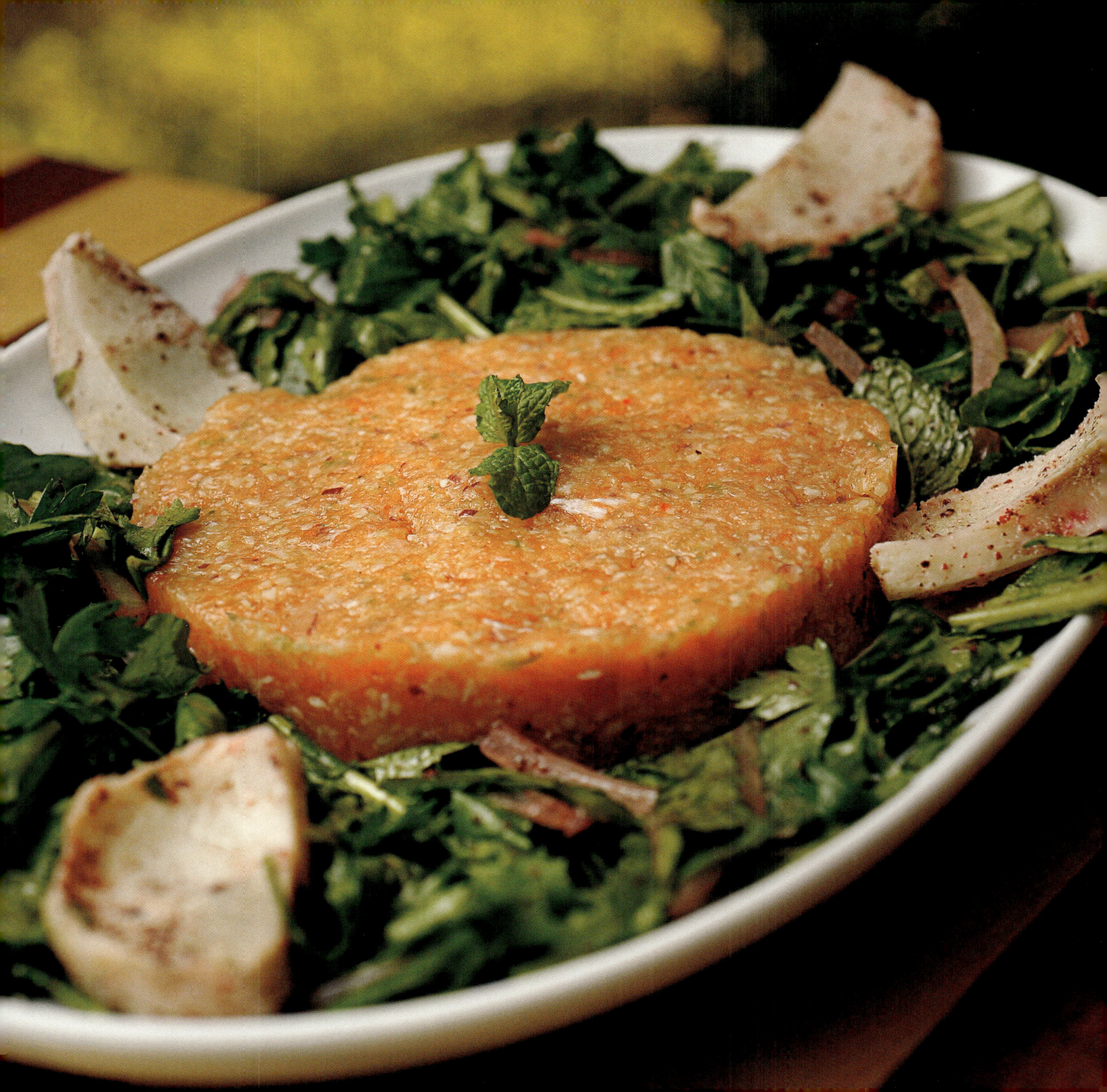

Rendimento: 8 porções | Tempo de Preparo: 1 hora (mais 8 horas de molho)

Arábia

Manjar Libanês — Mhallabye

Ingredientes

Calda
250g de damascos secos
2 litros de água
1 xícara (chá) de açúcar

Manjar
4 colheres (sopa) de maisena
1 litro de leite
4 colheres (sopa) de açúcar
1 colher (chá) de almíscar socado
1 colher (sopa) de água de flor-de-laranjeira

Modo de preparo

Calda

Lave os damascos e deixe-os de molho na água por aproximadamente 8 horas.

Coloque os damascos com a água em uma panela e leve ao fogo. Junte o açúcar e deixe cozinhar, mexendo de vez em quando. Se necessário, acrescente mais água. Deixe cozinhar por aproximadamente 30 minutos, ou até que os damascos fiquem macios. Retire, deixe esfriar e reserve.

Manjar

Misture a maisena, o leite e o açúcar. Leve ao fogo brando, mexendo sem parar até engrossar. Retire do fogo, misture o almíscar e a água de flor-de-laranjeira. Coloque em um recipiente de vidro ou em pequenas taças e leve à geladeira.

Sirva coberto com a calda de damasco.

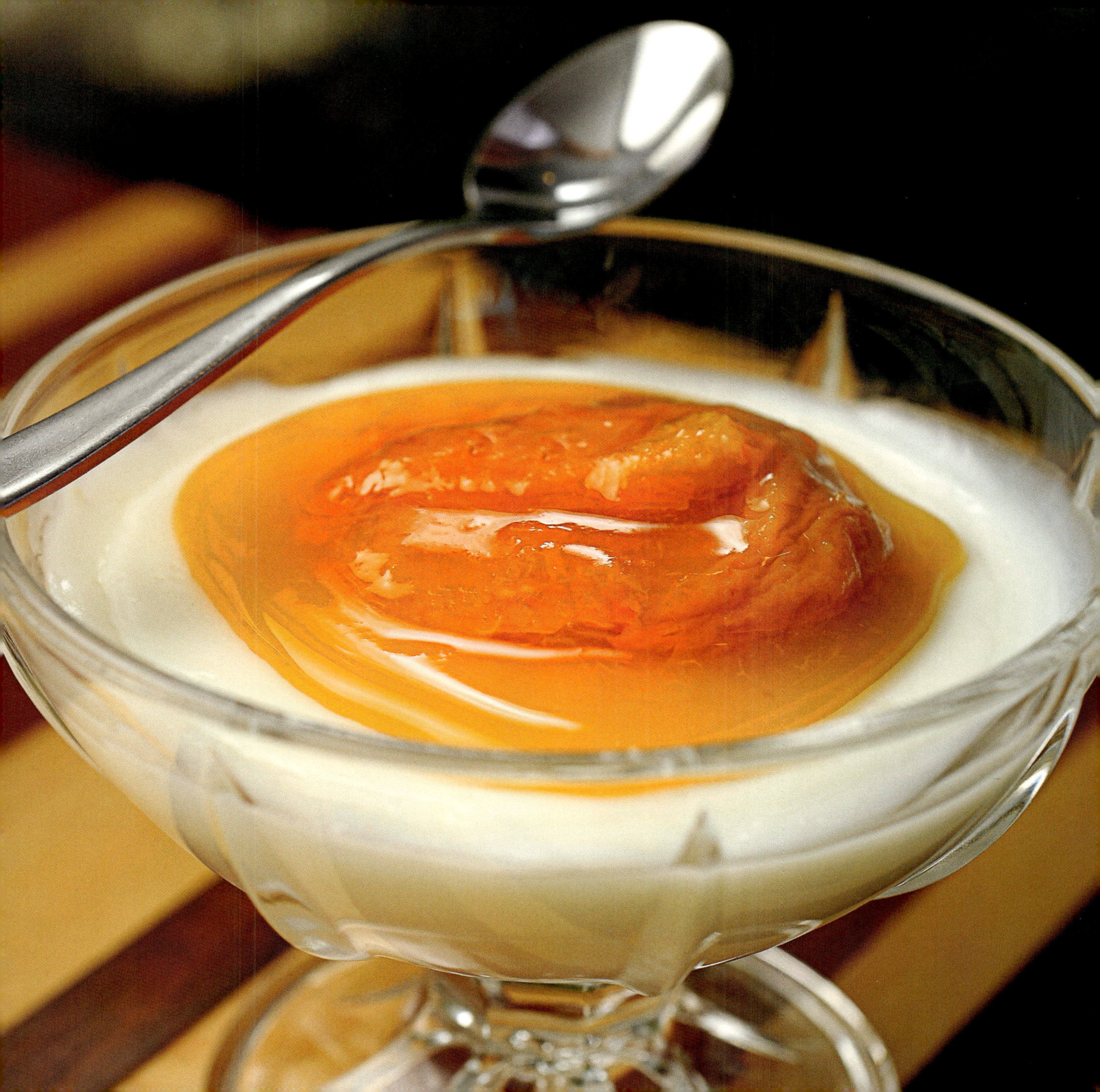

Rendimento: 7 porções | Tempo de Preparo: 45 minutos

Arábia

Knefe

Ingredientes

Massa

400g de massa de macarrãozinho próprio para doce (encontra-se pronta nas casas especializadas)

3 colheres (sopa) de manteiga derretida

Creme

8 colheres (sopa) rasas de maisena

1 litro de leite

6 colheres (sopa) de açúcar

1 lata de creme de leite

6 colheres (sopa) de pistache moído para decorar

Calda

1kg de açúcar

meio litro de água

3 colheres (sopa) de suco de limão

1 colher (sopa) de água de flor de laranjeira ou água de rosas

Modo de preparo

Massa

Desmanche a massa com as mãos, separando os fios cuidadosamente, sem partí-los. Coloque a manteiga derretida sobre a massa e trabalhe-a com os dedos de modo que toda ela fique envolvida com manteiga. Reserve.

Creme

Misture a maisena, o leite e o açúcar. Leve ao fogo brando, mexendo sempre sem parar, até engrossar. Retire do fogo, acrescente o creme de leite e o pistache, misturando bem. Pode-se, também, usar o creme de leito fresco. Nesse caso, coloque 1 colher (sopa) a mais de maisena.

Calda

Em uma panela, misture o açúcar com a água e leve ao fogo brando para engrossar. Quando a calda estiver em ponto de fio, junte o limão, misture e retire do fogo. Após esfriar, acrescente a água de flor de laranjeira ou de rosas.

Montagem

Forre um pirex médio com metade do macarrãozinho, arrumando para não deixar espaços vazios. Coloque o creme por cima e cubra novamente com o restante do macarrãozinho. Leve ao forno quente por aproximadamente 15 minutos, ou até que fique dourado. Retire do forno, regue 1 xícara (chá) de calda fria e salpique um pouco de pistache moído por cima.

Sirva quente, regado com o restante da calda fria.

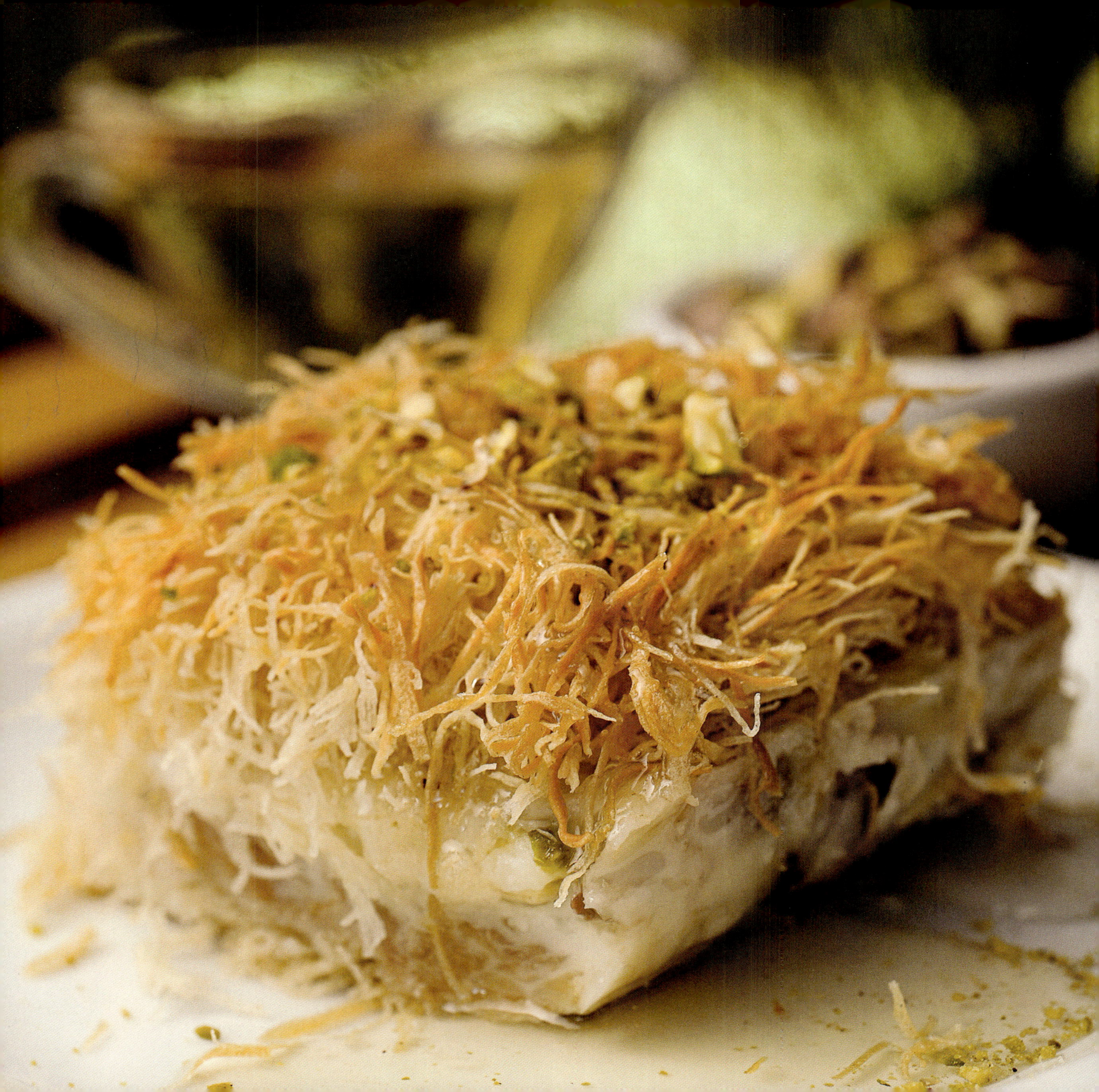

Rendimento: 6 porções | Tempo de Preparo: 45 minutos

Quibe de Legumes (sem farinha)

Myrian Abicair
Spa Sete Voltas - Itatiba

Neta de libaneses, Myrian provavelmente herdou das tradições culinárias da família o entusiasmo pelo assunto cozinha. Jamais fez segredo de que gostasse de comer bem e fartamente — mesmo quando ganhou todas as atenções da mídia e dos milhares de clientes conquistados, ao longo dos quase 20 anos no comando de um dos mais cortejados Spas do Brasil — o Sete Voltas Spa e Resort.

E, como todo mundo sabe, Spa quer dizer dieta espartana... ou absolutamente anticalórica! O que não significa que boas receitas da mesa libanesa não possam figurar, de vez em quando, no cardápio de um resort voltado às práticas saudáveis, alimentação equilibrada e hábitos que buscam a harmonia. Muito pelo contrário! Afinal, argumenta a experiente hoteleira, uma das qualidades da tradição culinária do Oriente Médio é justamente a naturalidade dos ingredientes.

Ingredientes
2 xícaras (chá) de abobrinha picada
2 xícaras (chá) de cenoura picada
2 xícaras (chá) de brócolis picados
2 xícaras (chá) de couve-flor picada
2 xícaras (chá) de palmito picado
2 xícaras (chá) de champignon picado
2 xícaras (chá) de cebola picada
2 ovos
3 colheres (sopa) de hortelã
2 dentes de alho
3 colheres (sopa) de azeite extravirgem
1 xícara (chá) de shoyu (molho de soja)
folhas de hortelã para decorar

Modo de preparo
Triture todos os legumes crus em um processador. Bata os ovos, a hortelã, o alho, o azeite, o shoyu e acrescente todos os legumes triturados. Tempere a gosto. Coloque a massa em uma forma e coloque para assar durante 20 a 30 minutos. Decore com as folhas de hortelã.

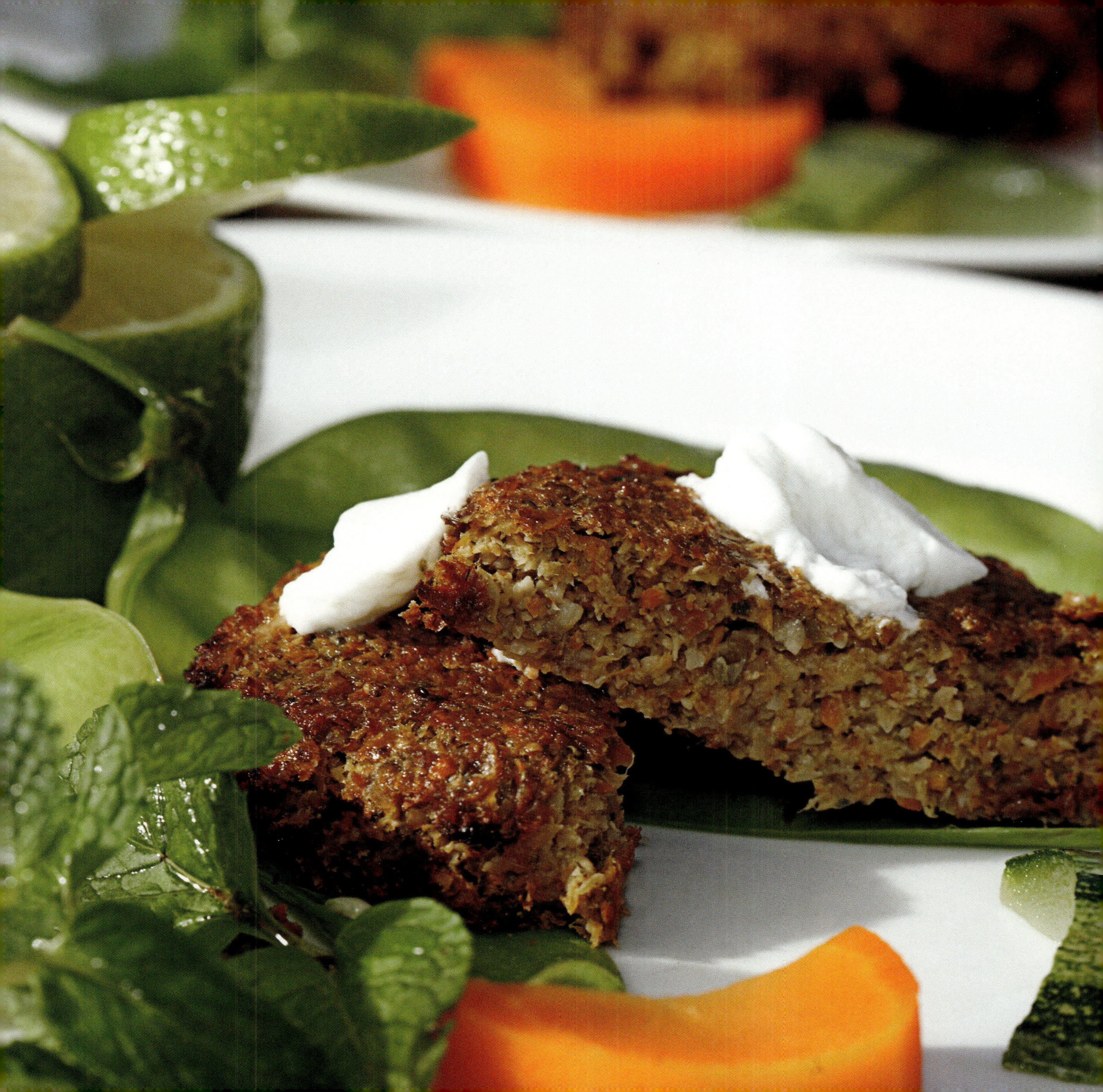

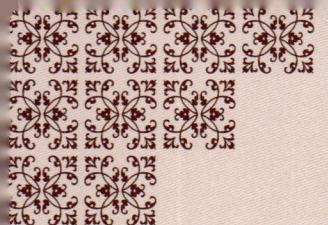

Rendimento: 4 porções | Tempo de preparo: 45 minutos

Spa Sete Voltas

Charuto de Carne Moída e Arroz

Ingredientes

4 folhas de couve-manteiga
2 colheres (sopa) de cebola picada
1 dente de alho amassado
1 colher (chá) de óleo
50g de carne vermelha moída
1 colher (chá) de salsinha picada
sal e pimenta-do-reino a gosto
50g de arroz integral

Modo de preparo

Em uma panela com água fervente, coloque as folhas de couve, uma a uma, retirando-as rapidamente. Escorra e reserve.

Em uma outra panela, refogue a cebola e o alho no óleo e adicione a carne moída. Junte a salsinha, sal e pimenta-do-reino, abaixe o fogo e cozinhe por 20 minutos com a panela tampada. Misture a carne moída refogada com o arroz já cozido. Arrume as folhas de couve num recipiente e no centro de cada uma recheie com a carne e o arroz. Enrole a folha e sirva.

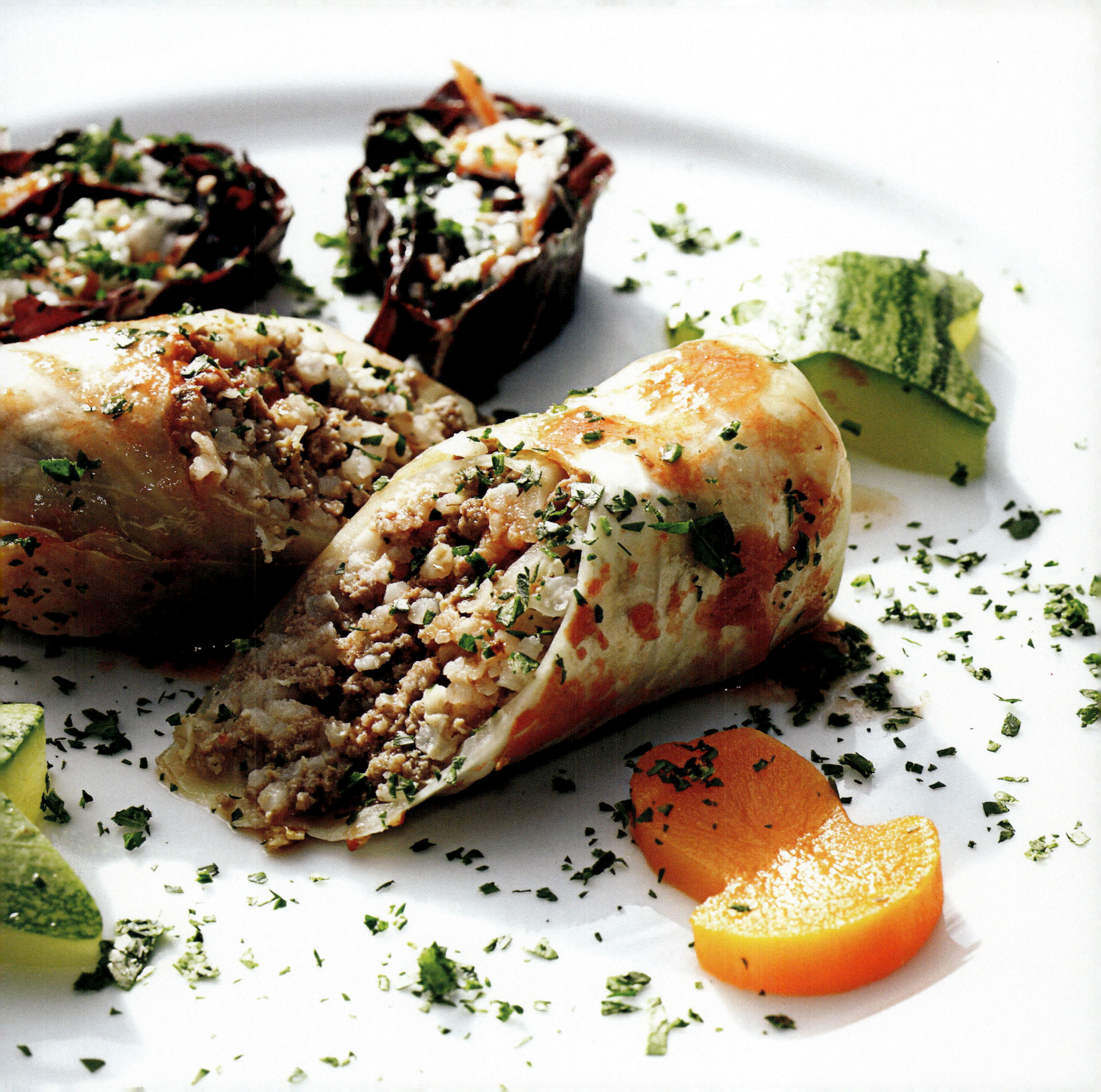

Rendimento: 6 porções | Tempo de preparo: 45 minutos

Spa Sete Voltas

Esfiha de Ricota com Espinafre

Ingredientes

250g de ricota
1 xícara (chá) de espinafre picado
1 ovo
1 colher (sopa) de parmesão ralado
meia colher (sopa) de manjericão fresco picado
1 massa folhada laminada

Modo de preparo

Em uma tigela, misture a ricota amassada, o espinafre, o ovo, o parmesão e o manjericão. Reserve.

Deixe a massa folhada fora da geladeira até descongelar. Abra a massa e corte quadrados. Recheie os quadrados de massa com a mistura de espinafre e feche, formando uma esfiha. Leve ao forno pré-aquecido em temperatura média até dourar. Sirva quente ou fria.

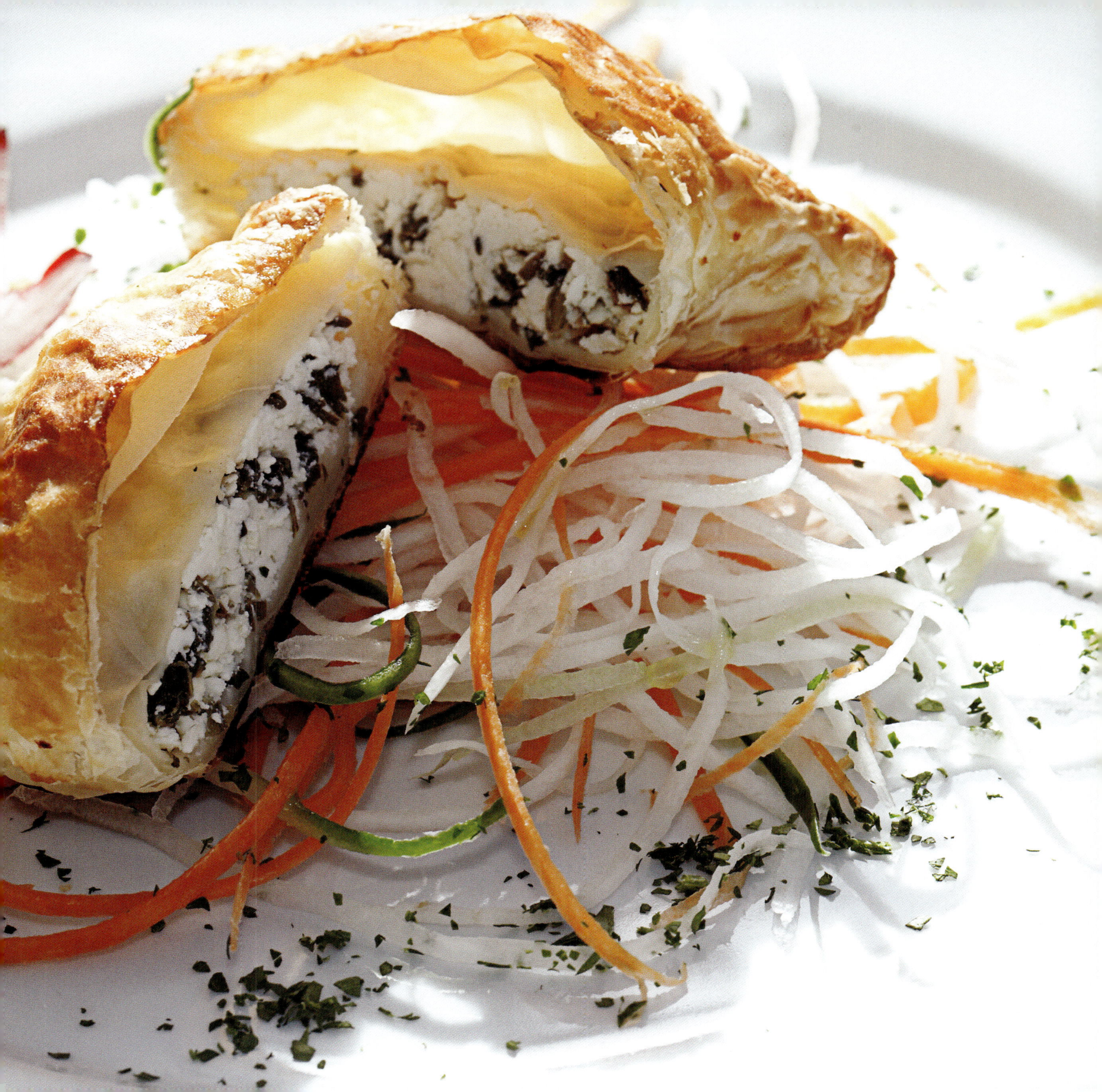

Rendimento: 10 porções | Tempo de Preparo: 1 hora

Morena Leite
Capim Santo - São Paulo

A jovem Chefe de cozinha Morena Leite tem dado continuidade ao bem sucedido projeto culinário iniciado por seus pais, Sandra e Fernando Leite. Instalado na vizinhança da Av. Paulista, o restaurante comandado pela premiada Morena Leite consegue reunir uma verdadeira paisagem tropical, com seus avarandados salões, em jardins cheios de árvores, palmeiras e bananeiras, com o ritmo urbano da metrópole.

Com o "Capim Santo" surgiu o estilo de uma criativa e contemporânea cozinha brasileira, muito natural, mas dona de personalidade única. Um pouco das reminiscências culinárias herdadas de uma avó libanesa entrou na orquestração de sabores, temperos e apresentação dos pratos da cozinha praticada por Morena Leite.

Tabule com Castanha de Caju

Ingredientes
250g de trigo fino
4 tomates cortados em cubos pequenos e sem sementes
1 pepino cortado em cubos pequenos e sem sementes
20g de hortelã picada
10g de salsinha picada
80g de cebola picada
2 limões
30ml de azeite
sal e pimenta-do-reino a gosto
100g de castanha de caju picada

Modo de preparo

Lave bem o trigo em uma peneira e coloque-o de molho em água quente por 15 minutos.

Misture os tomates, o pepino, a hortelã, a salsinha e a cebola e tempere com o suco dos limões, o azeite, sal e pimenta-do-reino. Por último, adicione a castanha de caju.

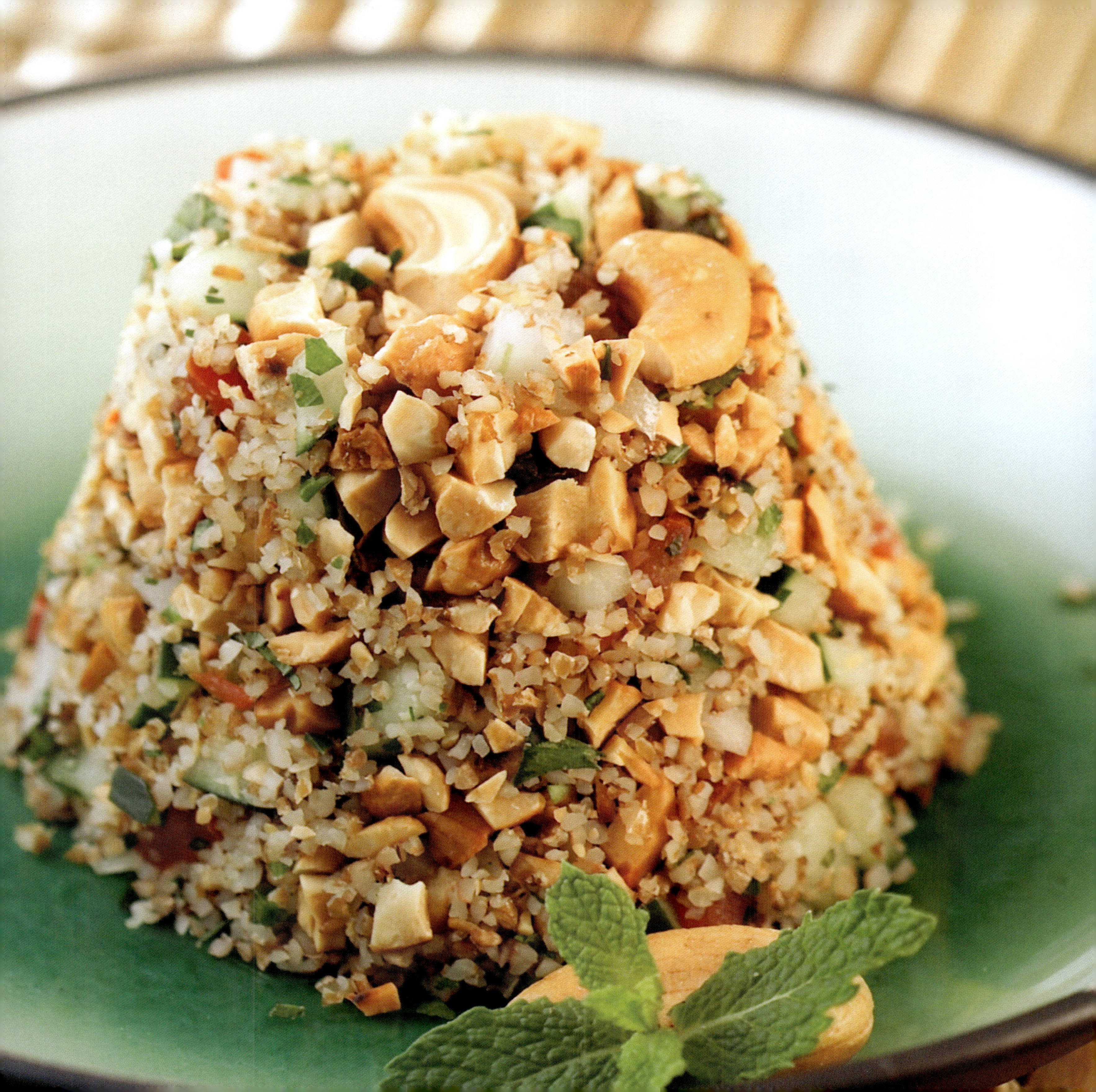

Rendimento: 45 kaftas | Tempo de Preparo: 1 hora (mais 3 horas de refrigeração)

Capim Santo

Kafta de Mignon na Raiz de Capim-Santo Recheada de Pupunha

Ingredientes
Recheio
100g de palmito pupunha cortado em cubos
3 colheres (sopa) de azeite
1 dente de alho picado
meia cebola grande

Kafta
500g de filé-mignon moído
sal e pimenta-do-reino a gosto
1 colher (chá) de gengibre ralado
1 pitada de curry
1 pitada de açafrão
meia pimenta dedo-de-moça picada
suco e raspas de 1/2 lima
suco e raspas de 1/2 limão
3 colheres (sopa) de azeite
2 dentes de alho picados
3 colheres (sopa) de cebola picada
1 colher (sopa) de salsinha finamente picada
1 colher (sopa) de manjericão verde finamente picado
1 pitada de tomilho finamente picado
1 pitada de alecrim finamente picado
45 unidades de capim-santo (8cm)
2 colheres (sopa) de gergelim branco

Modo de preparo
Recheio
Refogue o palmito no azeite com o alho e a cebola. Reserve.

Kafta
Tempere o filé mignon com sal, pimenta-do-reino, o gengibre, o curry, o açafrão, a pimenta dedo-de-moça, o suco e as raspas da lima e do limão. Separe uma porção aproximada de 150g da carne e refogue-a com uma colher (sopa) de azeite. Reserve.

Prepare um refogado com o azeite restante, o alho, a cebola, sal e pimenta-do-reino. Junte esse refogado à carne crua e à cozida e bata no processador. Coloque essa mistura em uma vasilha e acrescente as ervas. Leve à geladeira por 3 horas, até que a massa fique firme. Faça bolinhas com a carne, recheie com o palmito e espete a raiz de capim-santo. Por último, passe no gergelim. Leve ao forno pré-aquecido (180°C) por 8 minutos.

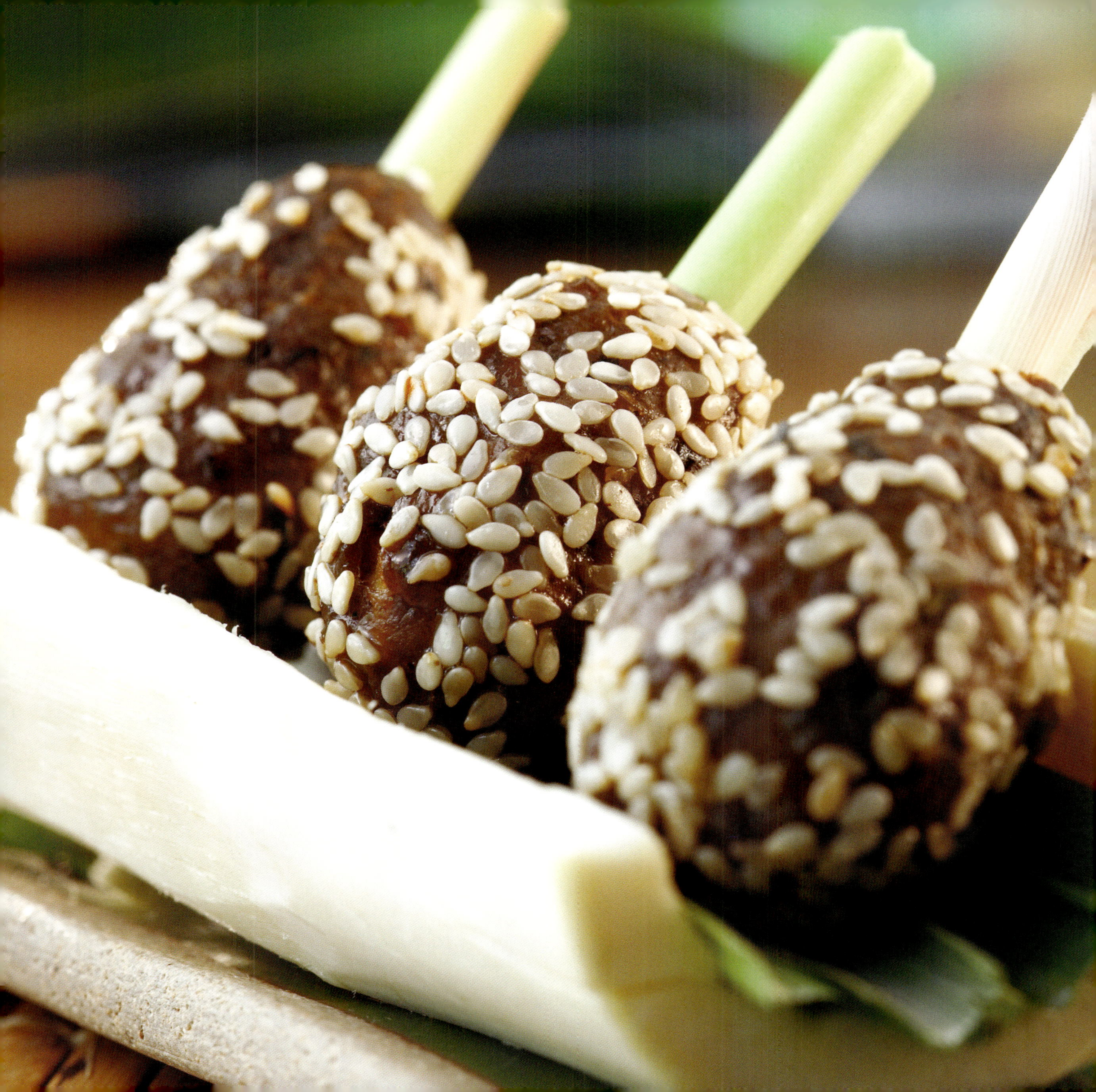

Rendimento: 50 kibes | Tempo de Preparo: 1 hora e 30 minutos

Capim Santo

Kibe de Berinjela

Ingredientes

Purê de berinjela

1kg de berinjela
60ml de azeite
15g de alho
sal e pimenta-do-reino a gosto

Refogado

45ml de azeite
20g de alho
80g de cebola
400g de trigo para kibe
550ml de caldo de legumes
raspas de 1 limão e meio
35g de hortelã finamente picada
18g de manjericão finamente picado
10g de salsinha finamente picada
5g de tomilho finamente picado
5g de alecrim finamente picado
3g de pimenta dedo-de-moça picada
sal e pimenta-do-reino a gosto
330g de coalhada seca

Modo de preparo

Purê

Corte a berinjela ao meio na horizontal, talhe, tempere com o azeite, o alho, sal e pimenta-do-reino. Asse em uma assadeira coberta com papel alumínio por 15 minutos a 150ºC.

Refogado

Doure em azeite o alho, agregue e refogue a cebola. Adicione o refogado na berinjela assada sem a casca. Reserve.

Umedeça o trigo com o caldo de legumes fervendo e espere esfriar. Tempere com as raspas do limão, as ervas picadas, a pimenta dedo-de-moça e acerte o sal e pimenta-do-reino. Bata no processador a berinjela com o trigo até formar uma massa homogênea. Unte as forminhas com azeite, coloque a massa, faça um buraco no meio, recheie com coalhada seca e feche. Asse a 150ºC por 10 minutos.

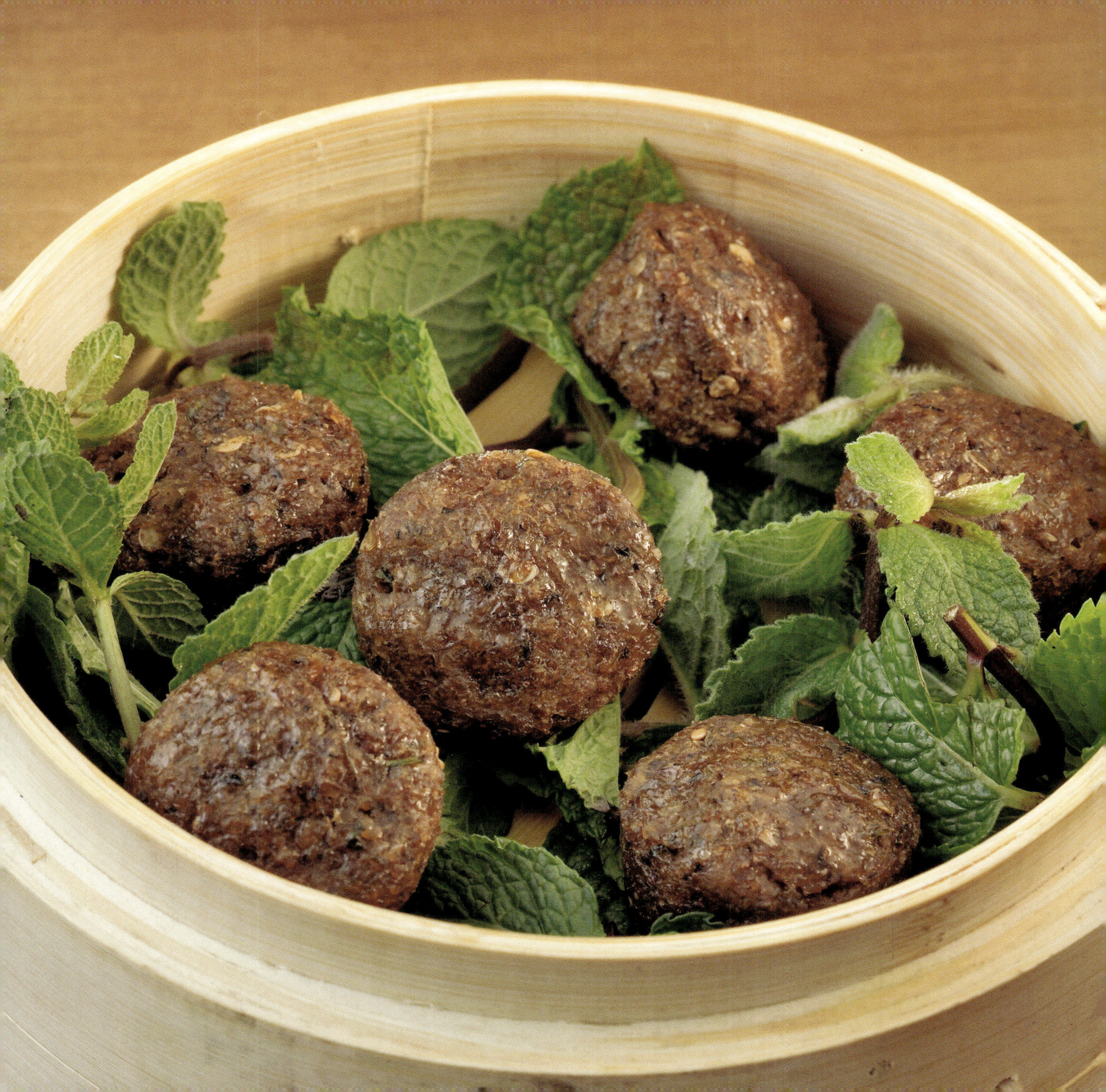

Marina Mattar
Al Basha - São Paulo

Com mais de 20 anos de experiência no universo da cozinha árabe e hoje no comando do aconchegante restaurante Al Basha — que consegue transmitir com fidelidade e frescor a autenticidade desta rica culinária, está o casal Marina Mattar e Jorge Haddad. Da cozinha do restaurante chegam pratos que, segundo quem já provou das receitas nos países de origem, não deixam nada a desejar, ou até se superam, a exemplo do falafel, eleito por muitos como o melhor da cidade de São Paulo.

Qualquer semelhança não é mera coincidência. A Chef Marina Matar adquiriu contato precoce com a culinária árabe por meio de sua mãe, Mamma Leila, realizadora de receitas inesquecíveis. Somados a essa tradição familiar, estão os 20 anos de prática culinária, vividos por Jorge e Marina, em passagens por cozinhas internacionais de Beirute, Damasco, passando por Assunção, Los Angeles e Nova Iorque. Desde o ano 2000, de volta a São Paulo, o casal se dedica ao restaurante que é já uma referência na culinária típica dos países do Levante. Lá, as refeições costumam ser encerradas com o legítimo café árabe aromatizado por sementes de cardamomo, mesclado com o perfume do fumo no narguile, detalhes que tornam o espaço uma completa imersão na cultura árabe.

Rendimento: 8 porções
Tempo de Preparo: 15 minutos (mais 6 horas de molho)

Geleia de Damascos

Ingredientes
500g de damascos turcos secos picados
3 copos (americano) de água
500g de açúcar refinado
8 gotas de limão

Modo de preparo

Deixe os damascos de molho na água por 6 horas. Coloque-os em uma panela junto com o açúcar e o limão. Deixe ferver por 10 minutos, mexendo sem parar. Quando os damascos estiverem desmanchando, desligue e sirva a seguir.

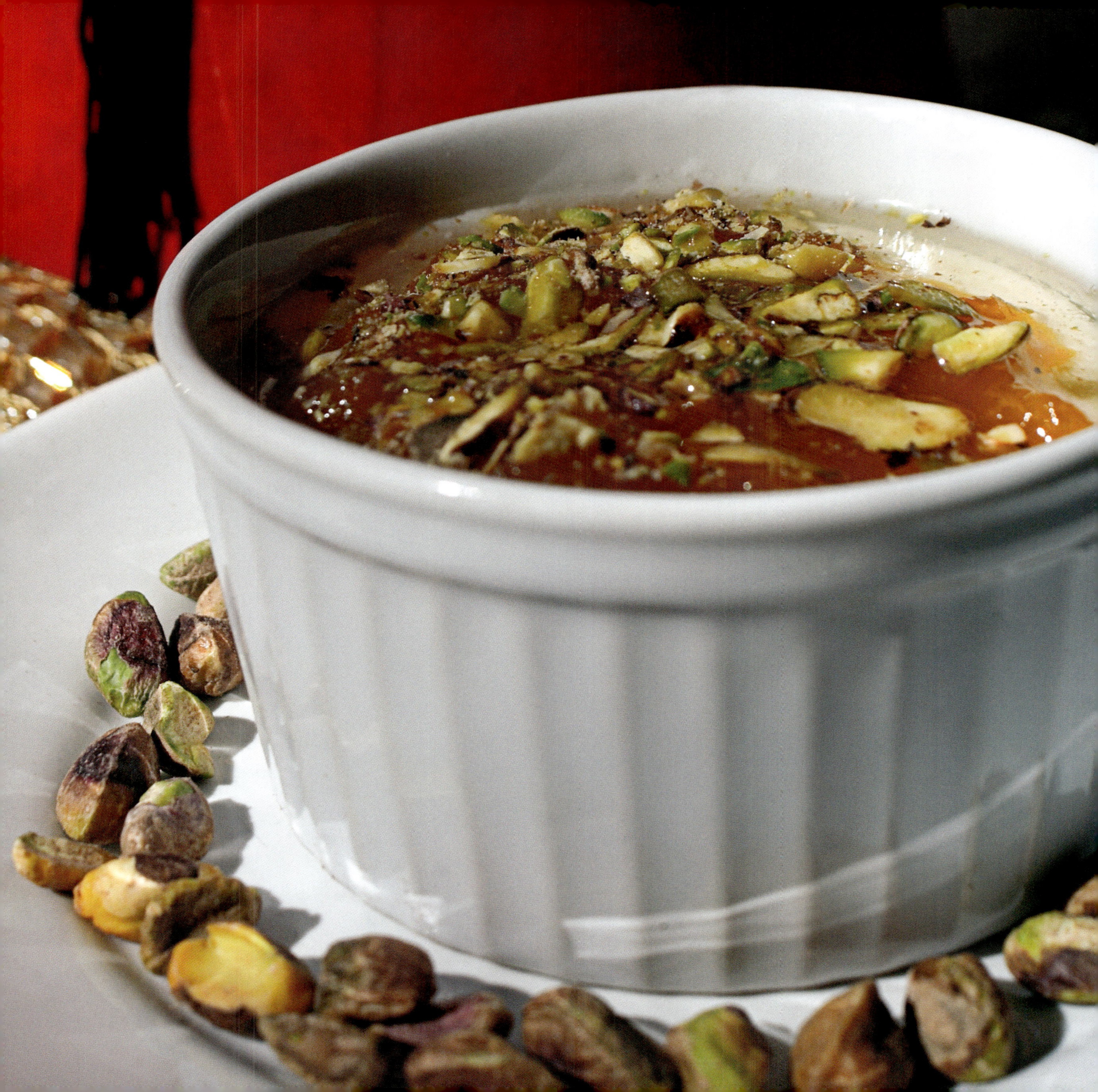

Rendimento: 10 porções | Tempo de Preparo: 50 minutos

Al Basha
Doce Al Basha

Ingredientes

Massa

1 pacote de biscoito de maisena triturado
3 colheres (sopa) de manteiga

Recheio

1 litro de leite
4 colheres (sopa) de maisena
meio copo (americano) de açúcar
300g de mussarela ralada

Caldo de mel com água de rosa

meio copo (americano) de água
meio copo (americano) de açúcar
8 gotas de limão
3 gotas de água de rosas
3 gotas de água de flor-de-laranjeira

Farofa

meia xícara (chá) de castanha de caju bem triturada (farinha)
2 colheres (sopa) de açúcar
pistache picado e pinholes para decorar

Modo de preparo

Massa

Misture os biscoitos e a manteiga. Coloque a massa em uma forma de aro removível, forrando todo o fundo. Reserve.

Recheio

Misture todos os ingredientes e leve ao fogo, mexendo até engrossar. Despeje sobre a massa, deixe esfriar e leve à geladeira.

Calda

Em uma panela, ferva os ingredientes por 10 minutos. Deixe esfriar. Quando o doce estiver gelado, regue essa calda sobre ele.

Farofa

Misture a castanha e o açúcar. Na hora de servir, polvilhe essa farofa sobre o doce e decore com os pistaches e pinholes.

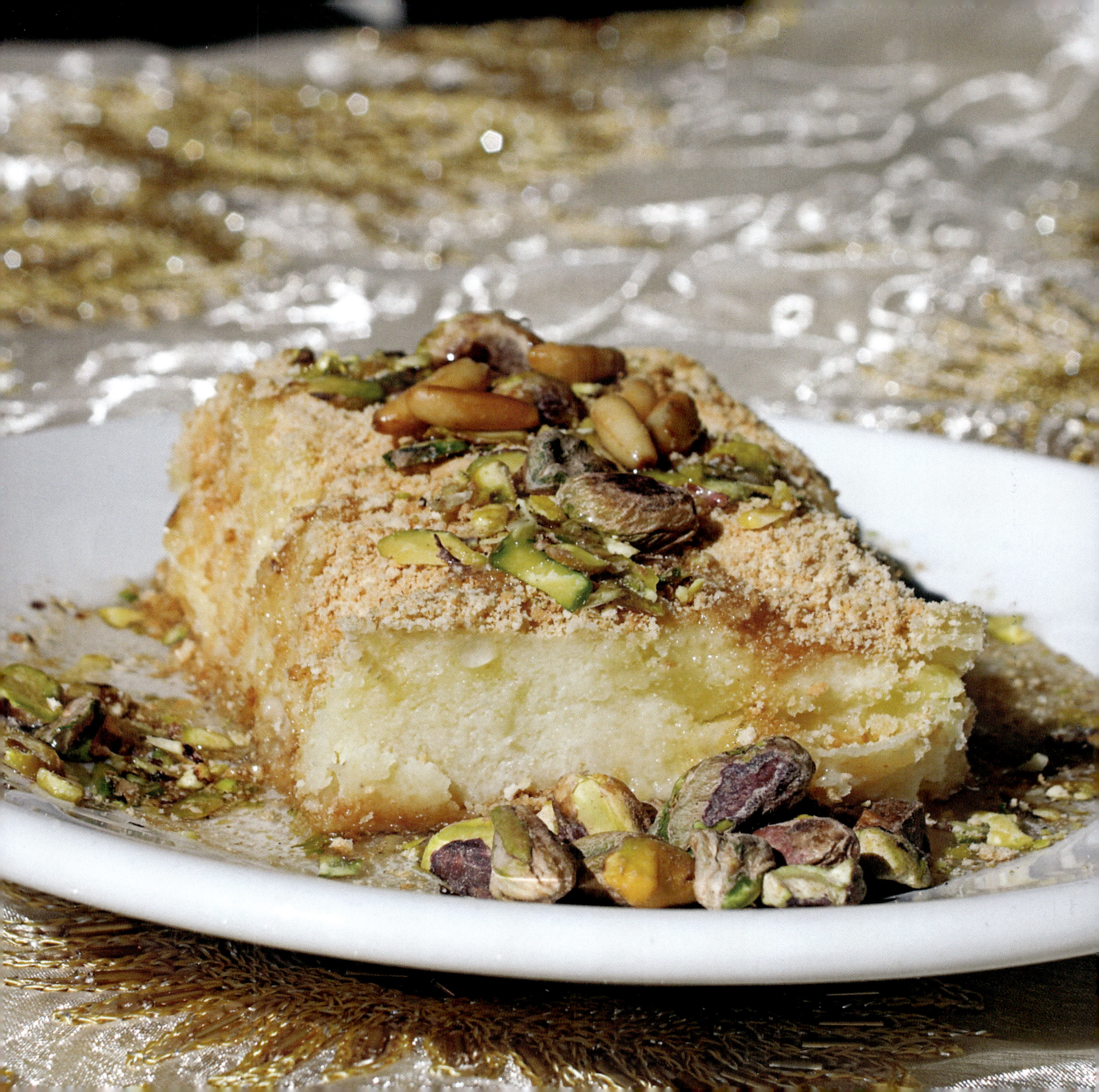

Rendimento: 15 porções | Tempo de Preparo: 50 minutos

Al Basha

Kibe de Abóbora

Ingredientes
Kibe
2 copos (americano) de trigo para kibe
1kg de abóbora
meio copo (americano) de farinha de trigo
sal e tempero a gosto

Recheio
2 cebolas fatiadas
8 colheres (sopa) de azeite
1 copo de grão-de-bico cozido
meia xícara (chá) de castanha-do-pará picada
100g de pinhole refogado com manteiga
tempero e sal a gosto

Modo de preparo
Lave o trigo e misture com a abóbora cozida, a farinha de trigo, sal e tempero. Reserve.

Recheio
Refogue as cebolas no azeite até murcharem e junte o grão-de-bico, a castanha-do-pará, o pinhole, tempero e sal. Reserve.

Montagem
Abra uma porção da massa do kibe nas mãos, recheie com um pouco do recheio e feche, moldando kibes. Frite no óleo não muito quente e sirva.

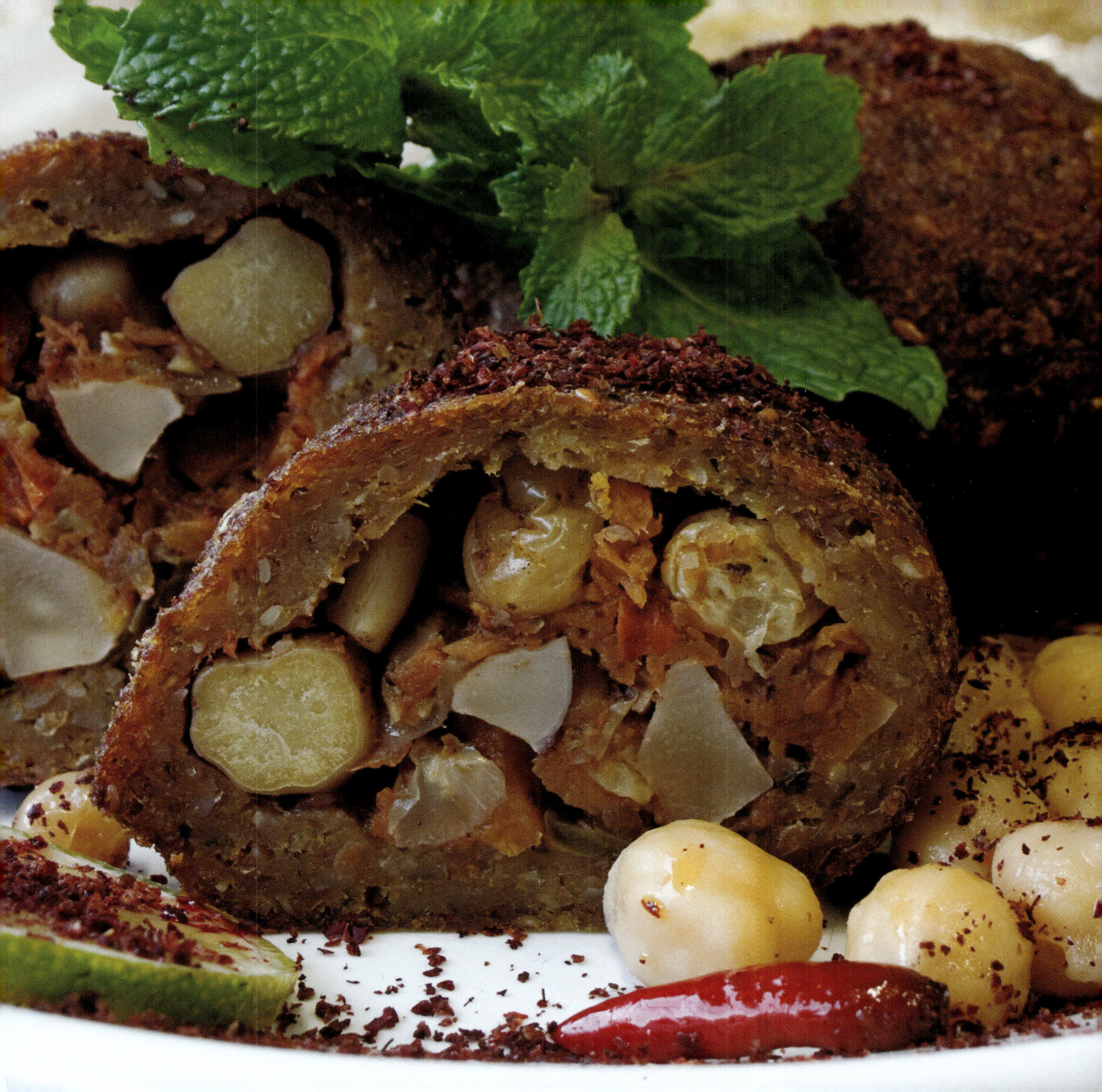

Aline Atala
Almanara - São Paulo

Desde que o tradicionalíssimo restaurante Almanara mudou o foco da administração familiar para uma profissionalização e modernização na gestão de uma competente franquia da marca, a centralização de uma cozinha modelo para todos os Almanaras tinha que estabelecer um padrão exemplar e de excelente qualidade. A partir de 1996, o Almanara buscou compor uma equipe de nutricionistas de alto nível para cuidar da cozinha central.

Foi nessa época que chegou à direção da tradicional casa árabe o nome de uma aluna exemplar do curso superior de Engenharia de Alimentos de Barretos. A recém formada Aline Atala foi prontamente contratada. A escolha não poderia ter sido mais feliz, pois além do profissionalismo nos cuidados com o cardápio, bastaram alguns meses de contato permanente com aquela tradicional cozinha árabe para que os antigos cozinheiros da casa notassem na jovem nutricionista um talento adicional ao rigor: uma espécie de dom natural para lidar com temperos e especiarias da culinária árabe. O resultado desse duplo talento foi um acurado equilíbrio entre sabor e cuidados com valor nutricional que é possível diferenciar nos apurados pratos da marca Almanara.

Rendimento: 5 porções | Tempo de Preparo: 45 minutos

Michui de Pintado

Ingredientes

1kg de filé de pintado

10 pitadas de sal

1 pitada de pimenta-do-reino branca

1 colher (sobremesa) de molho inglês

1 colher (sobremesa) de suco de limão

1 colher (sobremesa) de óleo

Modo de preparo

Corte os filés em cubos, adicione os ingredientes e misture. Reserve na geladeira por aproximadamente 30 minutos. Monte em espetos, intercalando o filé com cebola e pimentão cortados em cubos. Grelhe e sirva.

Sugestão

Acompanha bem com molho taratur:

3 limões; 1 copo de água; 1 xícara (chá) de tahine (pasta de gergelim); 1 dente de alho; sal a gosto

Bata todos os ingredientes no liquidificador.

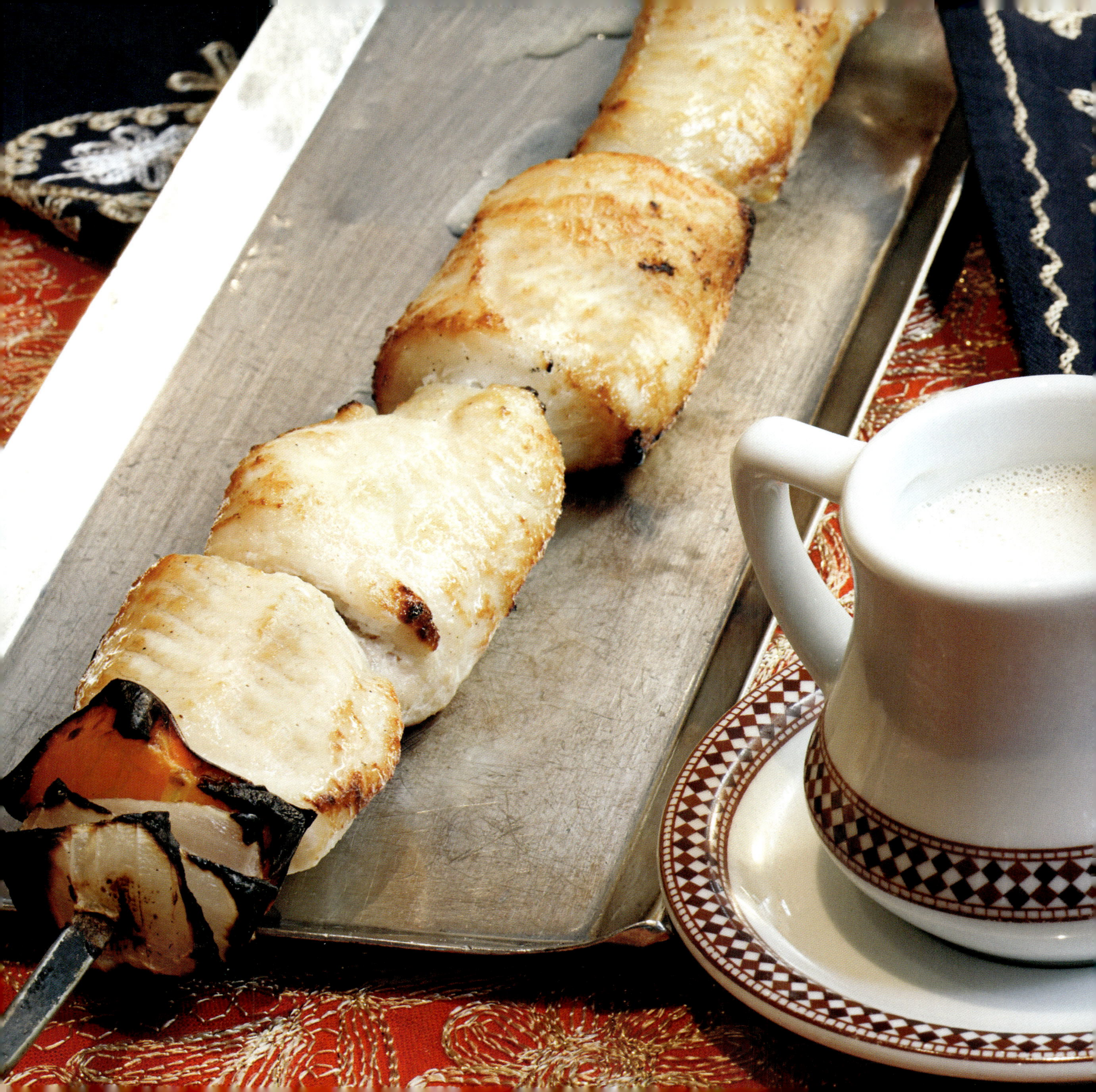

Rendimento: 5 porções | Tempo de Preparo: 20 minutos

Almanara

Couscous Marroquino

Ingredientes

Couscous

1 litro de água
sal a gosto
1 colher (sopa) de manteiga
1 xícara (chá) de couscous marroquino

Salada

1 colher (sopa) de salsinha picada
2 colheres (sopa) de uva-passa preta
4 colheres (sopa) de uva-passa branca
1 colher (sopa) de nozes picadas
2 xícaras (chá) de tomate
4 rabanetes
1 colher (sopa) de cebola

Molho

2 colheres (sopa) de limão
5 colheres (sopa) de azeite
1 pitada de sal
1 pitada de pimenta-do-reino branca

Modo de preparo

Couscous

Coloque a água para ferver, adicione o sal e a manteiga. Quando a água ferver, adicione o couscous e deixe cozinhar por 1 minuto, sempre mexendo. Escorra a água, deixe esfriar e reserve.

Salada

Selecione todos os ingredientes, lave e higienize. Retire a pele e as sementes dos tomates e corte em cubos. Fatie os rabanetes. Corte a cebola bem miúda e fina. Reserve.

Molho

Bata todos os ingredientes no liquidificador por aproximadamente 2 minutos.

Modo de preparo

Adicione ao molho os tomates e os rabanetes (já cortados). Misture bem e adicione os outros ingredientes da salada. Junte o couscous e mexa. Coloque na geladeira e sirva.

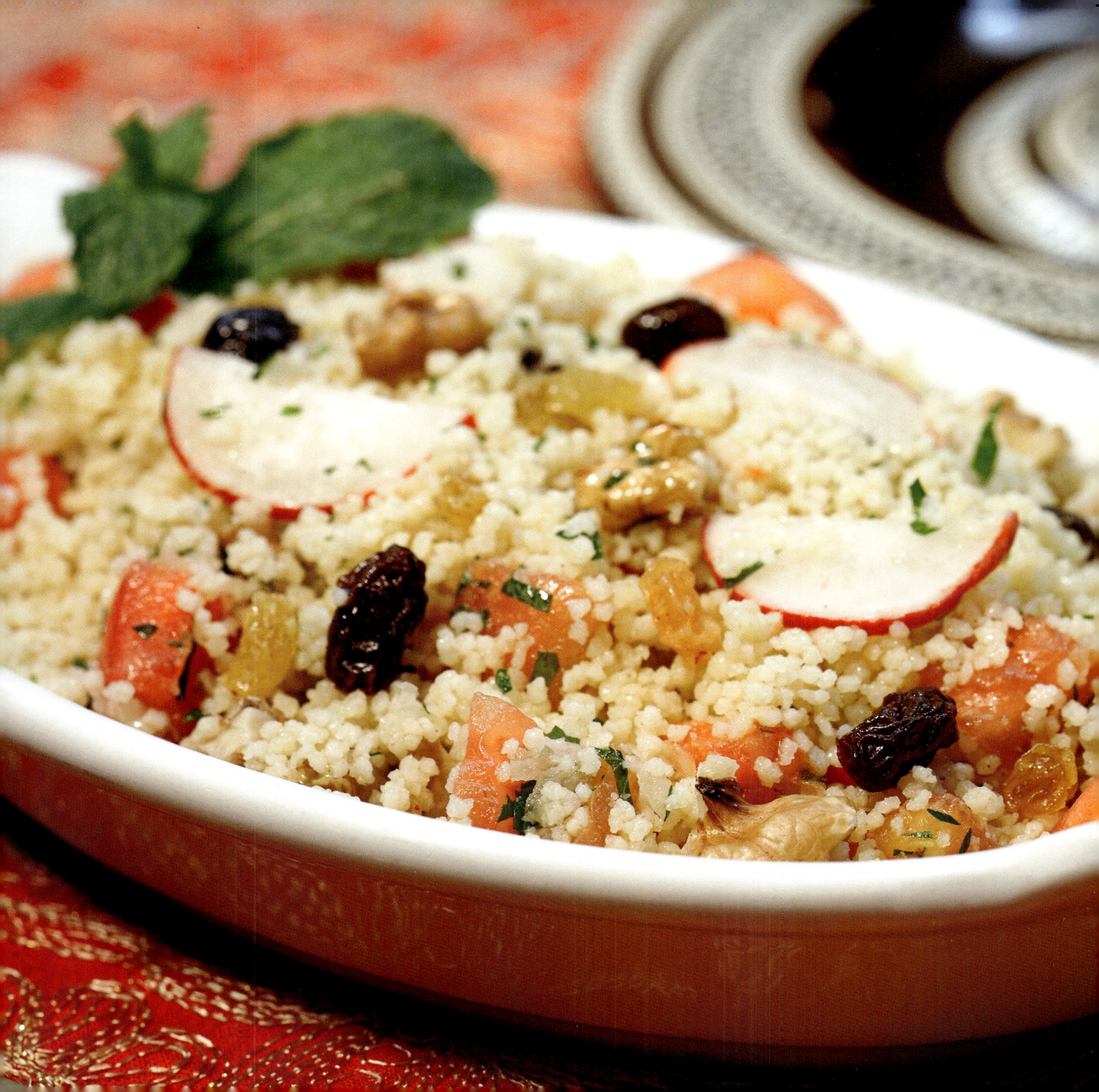

Rendimento: 8 porções | Tempo de Preparo: 50 minutos

Almanara

Frango com Arroz e Amêndoas

Ingredientes

Frango e Caldo de Frango

1kg de peito de frango com osso

2 litros de água

1 cebola

4 dentes de alho inteiros

2 pedaços (aproximadamente 5cm cada) de canela em pau

3 colheres (chá) de sal

1 folha de louro

Arroz

500g de arroz parboilizado

4 colheres (sopa) de óleo

7 colheres (sopa) de manteiga

1 xícara (chá) de cebola picada bem fina

2 dentes de alho picados bem finos

Montagem

canela em pó para decorar

250g de amêndoas torradas picadas

50g de amêndoas torradas inteiras

uvas passas para decorar

Modo de preparo

Frango

Coloque todos os ingredientes em uma panela e deixe cozinhar em fogo médio, até que a carne comece a se soltar do osso. Retire o molho, coe e reserve. Desfie o frango em tiras. Reserve.

Arroz

Lave o arroz, trocando a água 5 vezes. Deixe escorrer.

Em uma panela, adicione o óleo, a manteiga, a cebola picada e o alho. Deixe fritar até dourar. Adicione o arroz e refogue. Coloque o molho de frango (reservado) e deixe cozinhar o arroz em fogo brando.

Montagem

Em uma travessa, acrescente o arroz, coloque o frango nas laterais e cubra com a canela em pó. Faça uma fileira no centro com as amêndoas picadas. Enfeite com as amêndoas inteiras e as uvas passas.

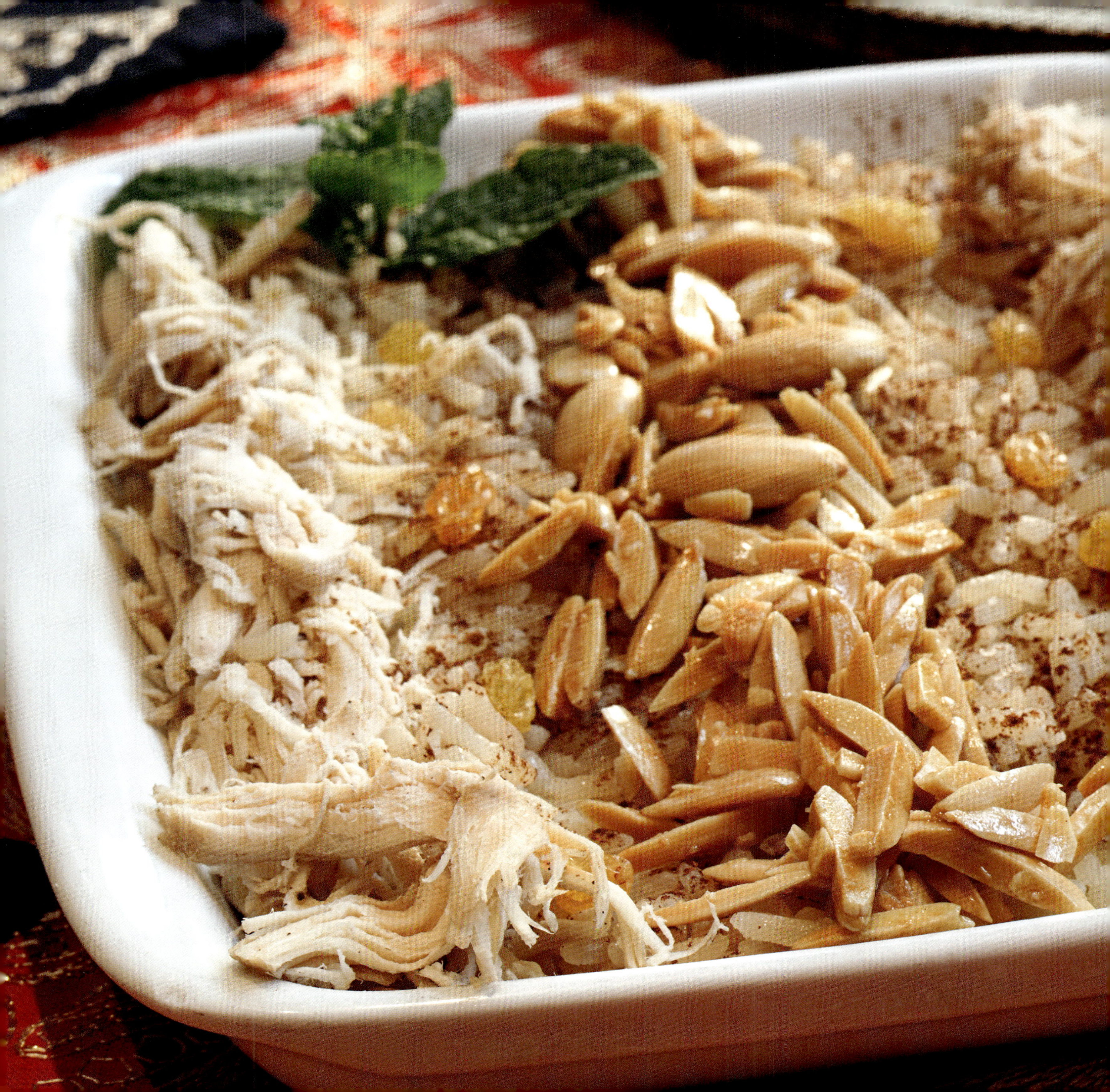

Maria de Lourdes Bolsonaro Ghanem
Baalbek - Porto Alegre

Através dos sobrenomes de Maria de Lourdes, é possível deduzir as origens em duas culturas que colocam a arte da cozinha e do bem comer entre seus mais preciosos valores. Filha de italianos, Maria de Lourdes Bolsonaro cresceria entre as panelas e as prolongadas e caprichadas refeições da família. E desde então mostrou ter um talento especial para cozinhar.

Para completar, escolheu para marido um árabe, o que levou Maria de Lourde a aventurar-se pela culinária do país de origem do marido, Gebrail Ghanem, imigrado do Líbano. Em 1981, o casal fundava um dos pioneiros restaurantes de cozinha árabe da capital gaúcha, o Baalbek, que se tornou uma referência e um destaque entre os melhores restaurantes de Porto Alegre.

Nos seus 28 anos de história, tendo Maria de Lourdes no comando da cozinha, a casa já recebeu incontáveis prêmios pela qualidade e sabores de seu cardápio. Merece destacar que o Balbeck foi eleito, pelo guia da revista Veja, por oito anos consecutivos, simplesmente como o melhor restaurante da capital gaúcha.

Rendimento: 8 porções | Tempo de Preparo: 15 minutos

Babaganoush
(Pasta de Berinjela)

Ingredientes
2 a 3 berinjelas grandes (900g)
60g de tahine (pasta de gergelim)
2 dentes de alho amassados
30ml de suco de limão
sal a gosto
azeite de oliva

Modo de preparo
Asse as berinjelas com casca em uma grelha (no fogão ou na churrasqueira), até ficarem tenras. Deixe esfriar. Com uma colher, retire a polpa e descarte as cascas. Acrescente o tahine, o suco de limão, o alho, o sal e misture bem. Adicione azeite de oliva e sirva acompanhado de pão árabe.

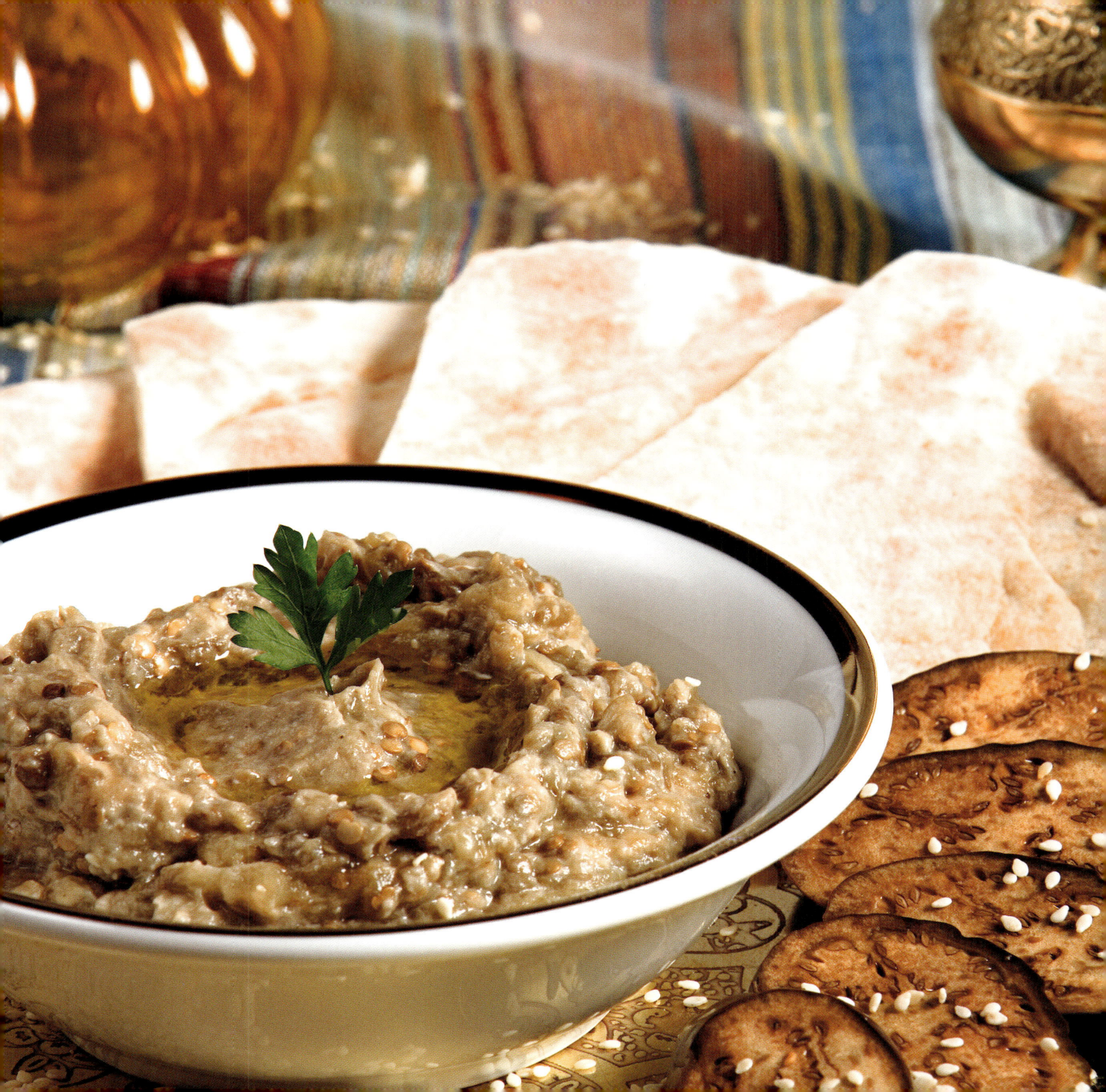

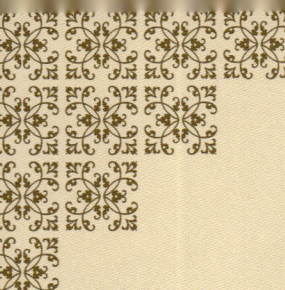

Rendimento: 6 porções | Tempo de Preparo: 50 minutos

Baalbek

Homus Bil Tahina
(Pasta de Grão-de-Bico)

Ingredientes

500g de grãos-de-bico
15g de bicarbonato de sódio
sal a gosto
60g de tahine
30ml de suco de limão
100ml de água fria
azeite de oliva

Modo de preparo

Deixe o grão-de-bico de molho em água por 12 horas. Cozinhe-os em uma panela com água e bicarbonato de sódio e cozinhe por 45 minutos, ou até os grãos ficarem macios. Mexa bem para retirar as cascas. Escorra a água e retire as cascas. Coloque o grão-de-bico em um processador, acrescente uma pitada de sal e processe até formar um purê. Acrescente o tahine, o suco de limão e misture bem. Adicione a água para suavizar a mistura. Misture bem até homogeneizar. Adicione o azeite de oliva e sirva acompanhado de pão árabe.

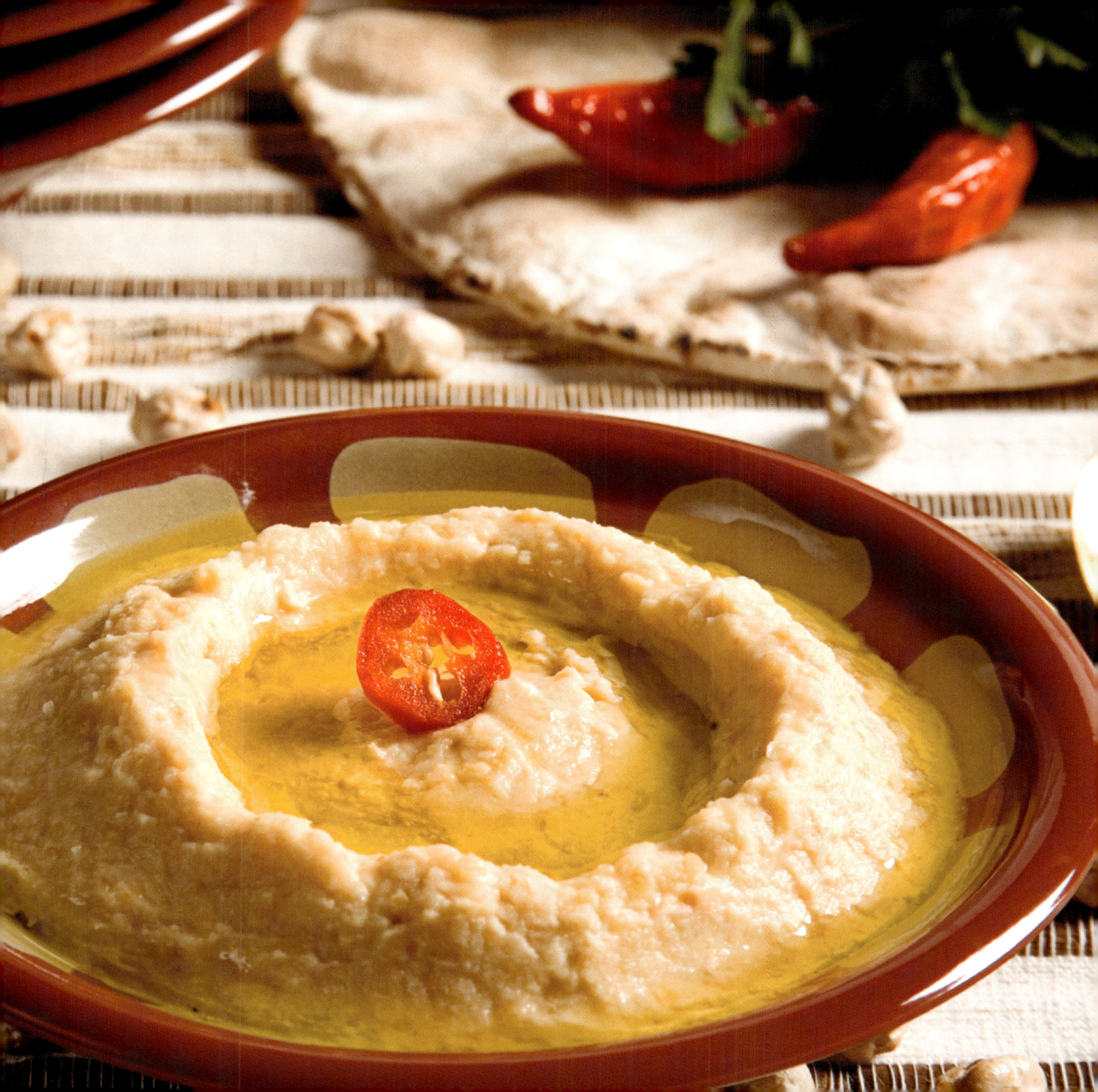

Rendimento: 6 porções | Tempo de Preparo: 1 hora e 30 minutos

Baalbek

Baklava

Ingredientes

Calda

500g de açúcar
350ml de água
30ml de suco de limão
1 colher (sobremesa) de essência de rosas
1 colher (sobremesa) de essência de flor-de-laranjeira

Recheio

300g de nozes, pistache ou castanha de caju moída
150g de açúcar cristal
1 colher (chá) de essência de rosas
1 colher (chá) de essência de flor-de-laranjeira
300g de manteiga derretida para assar

Massa

350g de farinha de trigo
5g de sal
150ml de água
1 ovo
500g de amido de milho (para folhear a massa)

Modo de preparo

Calda

Prepare a calda fervendo os ingredientes em fogo brando por 5 minutos. Deixe esfriar.

Recheio

Junte os ingredientes do recheio, menos a manteiga derretida. Misture bem e reserve.

Massa

Misture a farinha de trigo, o sal, a água e o ovo. Bata ou sove até formar uma massa lisa. Divida a massa em 12 partes iguais, boleie e deixe descansar por 15 minutos. Abra a massa em formato de discos de 30cm de diâmetro. Para folhear a massa, empilhe os discos, polvilhando amido de milho entre eles. Quando os 12 discos estiverem empilhados, cubra com amido de milho e abra todos os discos como uma massa única, até ficar com 1cm de espessura. Forre o fundo de uma forma com metade da massa, espalhe o recheio de maneira uniforme e cubra-o com o restante da massa. Corte em quadrados de 5cm. Coloque a manteiga derretida, cuidando para que fique bem distribuída entre os pedaços de Baklava. Asse em forno 180°C por 1 hora. Ao retirar do forno, escorra o excesso de manteiga e cubra com calda.

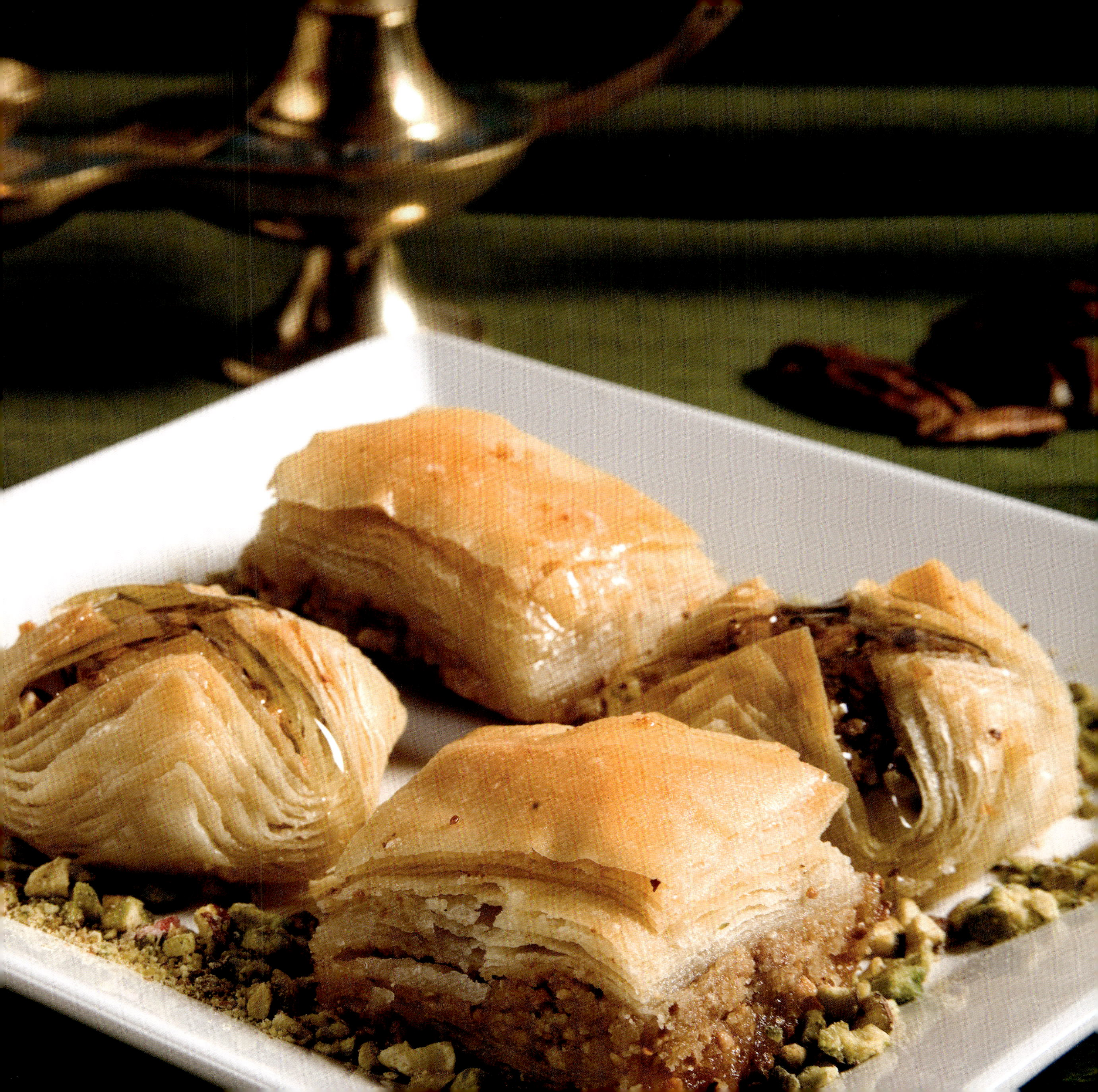

Rendimento: 10 porções | Tempo de Preparo: 1 hora e 10 minutos

Manakiche de Zaatar e Snoubar

Rodrigo Libbos
Kebab Salonu - São Paulo

Rodrigo Libbos se formou em administração de empresas, profissão que foi preterida em razão de um forte e crescente interesse pelos assuntos culinários — a ponto de se diplomar, em seguida, na área de gastronomia, pelo SENAC de Campos do Jordão. Nos dois anos seguintes, Rodrigo acumulou experiência em algumas das mais salientes cozinhas paulistanas, mas suas reminiscências familiares, com raízes no velho Oriente Médio, acabaram por influenciar a decisão do estilo oriental mediterrâneo, quando sentiu que era chegada a hora de abrir seu próprio restaurante.

O Kebab Salonu foi inaugurado em 2007, tendo o cuidado de revelar uma nova e mais sofisticada faceta da já difundida cozinha árabe em São Paulo. Rodrigo Libbos justifica ter optado pela concepção um restaurante contemporâneo de culinária do Oriente Próximo, onde poderia assim enriquecer o tema, ao combinar os tons de cozinhas próximas, mas distintas, como a turca, árabe, israelense, persa e indiana. O resultado é que já em seu primeiro ano, o restaurante ganhou o título de melhor kebab de São Paulo pela revista Veja São Paulo e pelo Guia Quatro Rodas.

Ingredientes
Massa

3 xícaras e 1/3 (chá) de farinha de trigo
1 colher e meia (sopa) de leite
1/3 de tablete de fermento biológico seco
1 colher (chá) de sal

Recheio

1/4 de xícara (chá) de azeite extravirgem
1/4 de colher (sopa) de sal
1/3 de xícara (chá) de zaatar
2 colheres (sopa) de snoubar (pinholes)

Modo de preparo
Massa

Misture todos os ingredientes, agregando água até o ponto de uma massa lisa. Deixe por 30 minutos a 1 hora em local quente e úmido (a 30°C) fermentando até dobrar de tamanho. Abra 10 massas finas e redondas.

Recheio

Misture o azeite, o sal, o zaatar e os snoubars. Coloque o recheio na massa já aberta com as costas de uma colher, espalhando-o por todo o disco. Asse a 200°C em bandeja previamente aquecida.

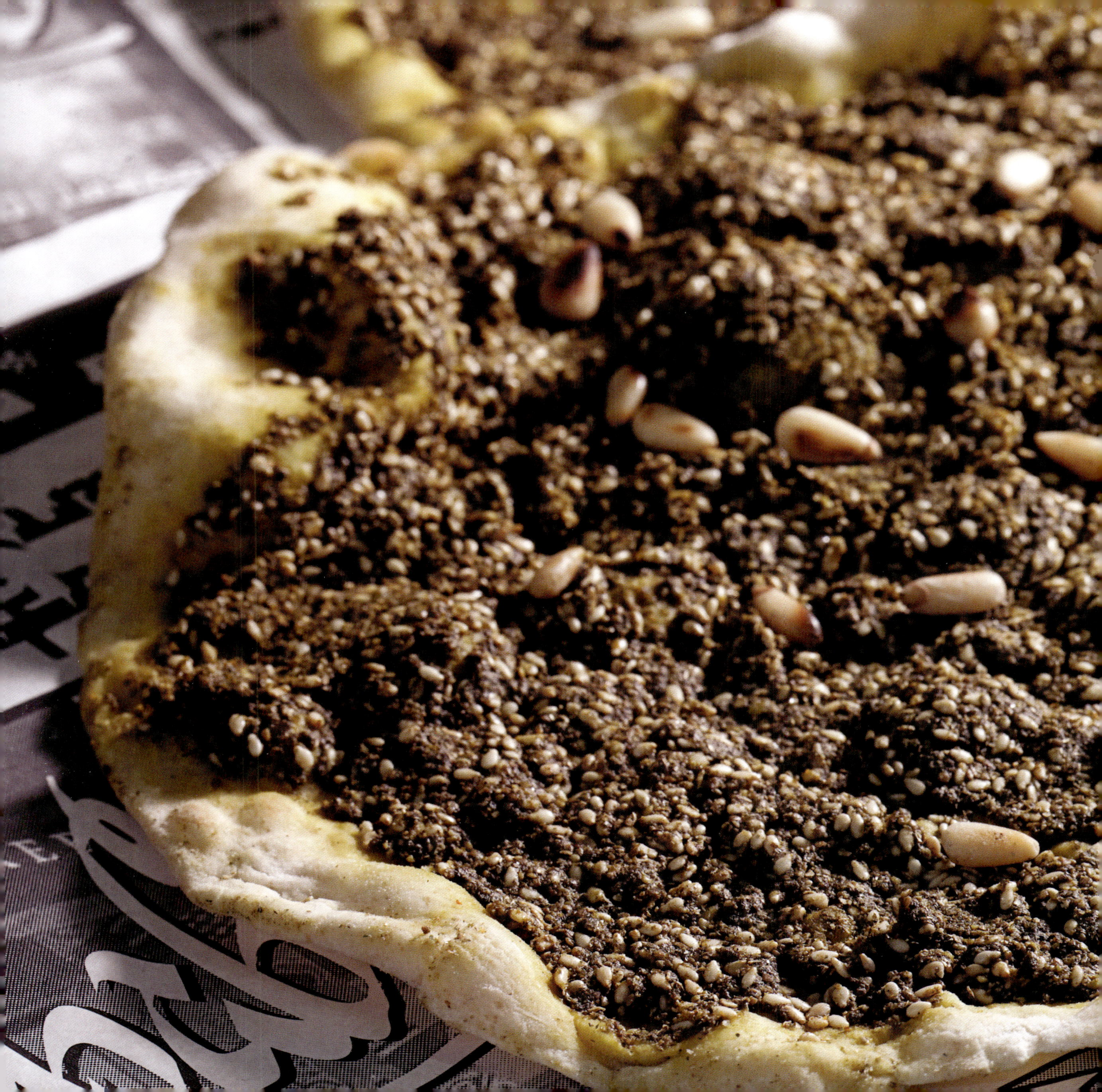

Rendimento: 2 porções | Tempo de Preparo: 25 minutos

Kebab Salonu

Kaftas de Cordeiro e Pistache com Pão, Tomate e Pimenta Cambuci Grelhadas, Salada de Cebola e Molho de Iogurte

Ingredientes
Kafta
200g de carne de cordeiro moída
4 colheres (sopa) de pistache picado
1 dente de alho picado
pimenta síria a gosto
1 pão francês amanhecido
2 espetos de bambu
2 tomates
2 pimentas cambuci

Pão Folha
1 xícara e meia (chá) de farinha de trigo
1 pitada de sal
água o necessário

Molho de Iogurte
1 copo de iogurte integral
2 colheres (sopa) de azeite
sal a gosto
1 colher e meia (sopa) de pepino cortado em cubos pequenos
alho a gosto sem casca e picado

Salada de Cebola
1/4 de cebola roxa em meias-luas
meia colher (chá) de sumac
1 colher (sopa) de salsinha picada

Modo de preparo
Kafta
Misture a carne, os pistaches, o alho, a pimenta síria e o pão amanhecido previamente molhado e esmigalhado. Forme bolinhas de 30g. Espete no espeto de bambu, quantas bolinhas quiser para grelhar.

Grelhe os tomates e as pimentas cambuci para acompanhar.

Pão Folha
Misture os ingredientes, agregando água até homogeneizar a massa. Abra discos finíssimos e asse-os em chapa ou frigideira quente.

Molho de Iogurte
Misture todos os ingredientes.

Salada de Cebola
Apenas fatie a cebola finamente em meias-luas e agregue o sumac e a salsinha. Sirva as kaftas grelhadas em churrasqueira ou assadas, acompanhadas dos pães, molhos e legumes grelhados.

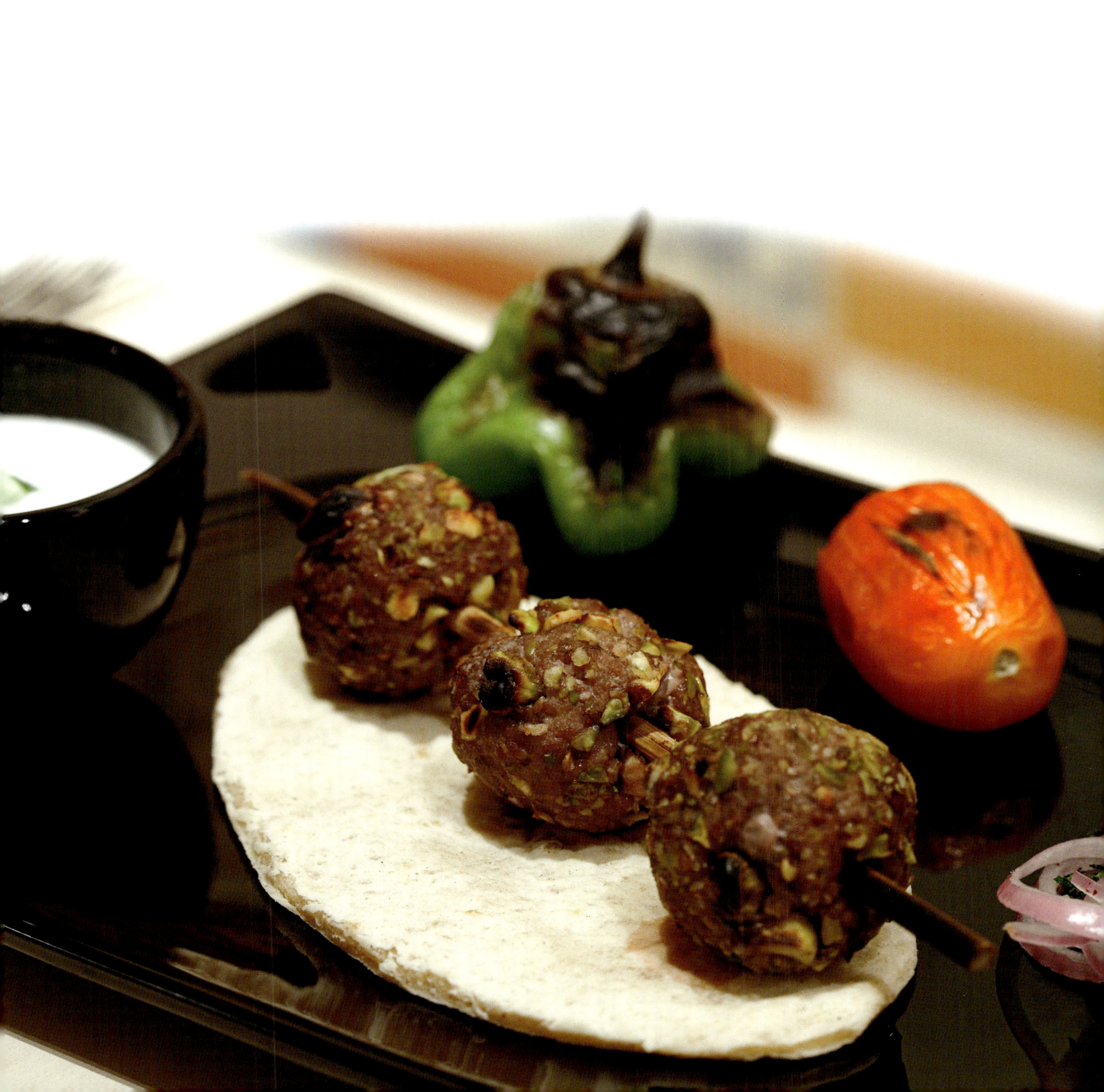

Rendimento: 1 porção | Tempo de Preparo: 1 hora e 20 minutos

Kebab Salonu

Kibe de Mandioquinha, Mechui de Robalo ao Molho de Tahine e Salada

Ingredientes

Marinada do Mechui de Robalo
120 g de robalo em cubos grandes
1 limão
2 colheres (sopa) de azeite
sal a gosto

Molho de Tahine
3 colheres (sopa) de tahine (pasta de gergelim)
1 e meia colher (sopa) de água gelada
1 limão
2 colheres (sopa) de azeite
sal a gosto
1 dente de alho

Kibe de Mandioquinha
50g de mandioquinha cozida e descascada
50g de trigo para kibe hidratado
20g de cebola
1 dente de alho
2 colheres (sopa) de azeite
3 pitadas de pimenta síria
2 pitadas de sal
1 pitada de canela
2 pitadas de cominho
2 pitadas de salsinha
meia cebola
10g de amêndoas descascadas
1 colher (chá) de manteiga

Salada de Tomates, Miniagrião e Hortelã
meio tomate
10 folhas de miniagrião
1 maço de hortelã
meio limão
1 colher (sopa) de azeite
sal a gosto

Modo de preparo

Marinada do Mechui de Robalo
Tempere o robalo com os ingredientes. Deixe marinando por 1 hora. Grelhe em espeto.

Molho de Tahine
Bata e dissolva o tahine na água gelada. Agregue o resto dos ingredientes.

Kibe de Mandioquinha
Amasse com o garfo a mandioquinha. Salteie as amêndoas na manteiga. Misture bem todos os ingredientes. Sirva frio, com as amêndoas por cima.

Salada de Tomates, Miniagrião e Hortelã
Tempere a salada como o azeite, sal e o suco de limão.
Sirva em prato, colocando os ingredientes em forma circular. O molho de tahine deve ser colocado por cima do peixe. Acompanhe de uma fatia de limão e cebola roxa picada.

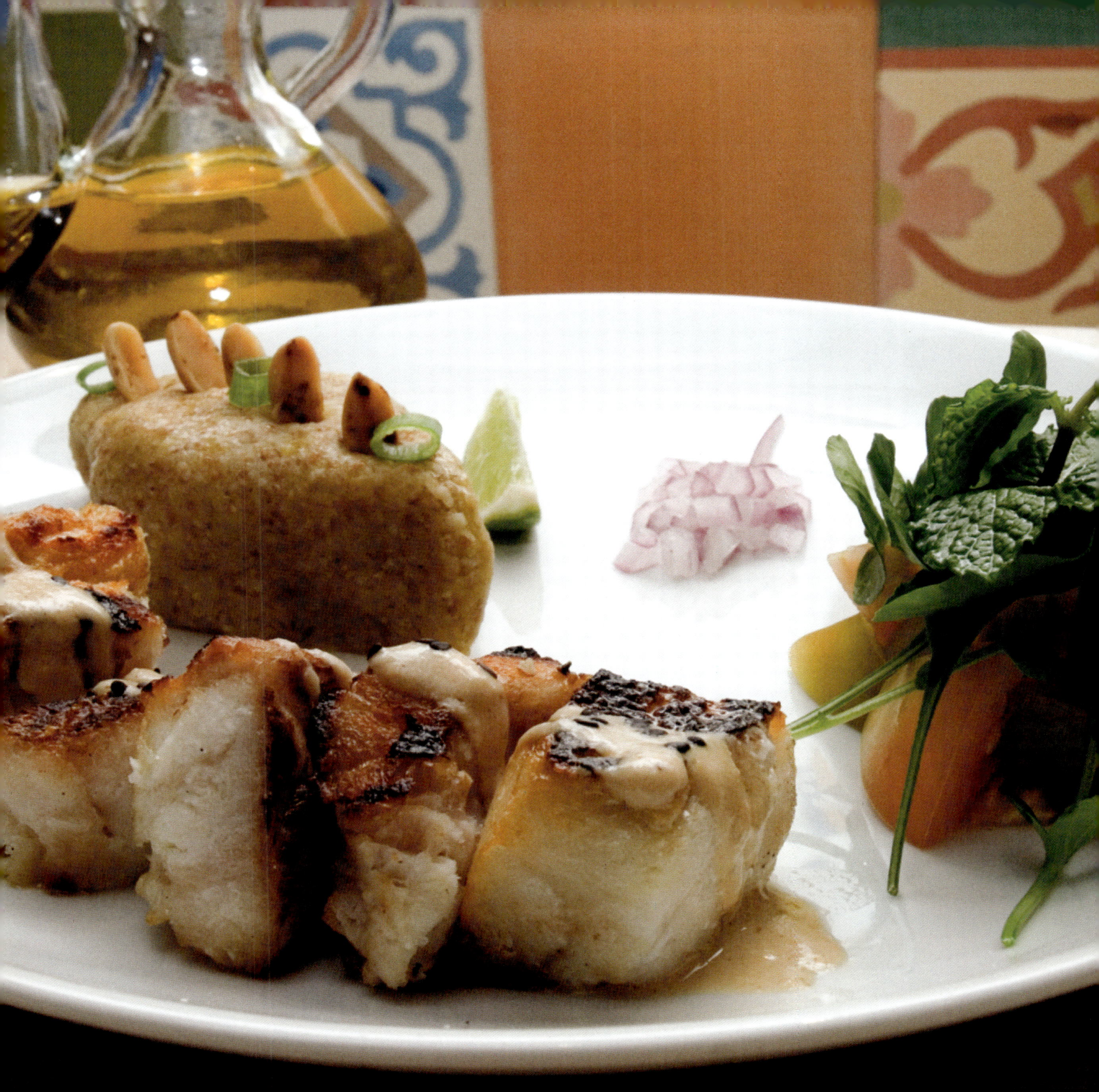

Rendimento: 5 porções | Tempo de Preparo: 30 minutos

Quibe Cru

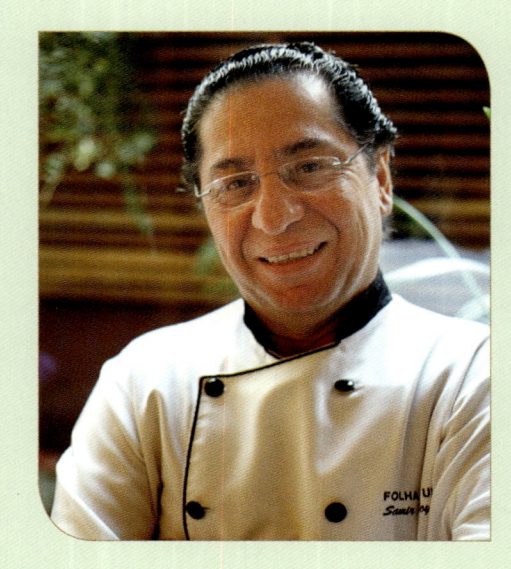

Samir Cauerk Moysés
Folha de Uva - São Paulo

Samir revela que aprendeu tudo sobre a farta e completa cozinha libanesa, que hoje ele põe na prática de seu restaurante, o Folha de Uva, com sua mãe, Lenice Cauerk. O avô de Samir, por sua vez, foi o imigrante libanês que deu início a todo o destino familiar com a culinária - e que era conhecido como o sr. 'Hallab', na verdade, o nome do restaurante por ele fundado no Rio de Janeiro, em princípios do século passado.

Samir mudou o rumo da sua história em 1989 quando resgatou as antigas receitas de família para o âmbito do restaurante. Nesses vinte anos de Folha de Uva, conseguiu nunca sair de 'cartaz', nem do foco da mídia, e muito menos da afeição de uma clientela fiel. Com total dedicação em difundir a excelência da cultura gastronômica de seus antepassados, ele gosta de se referir à vocação de um destino com uma expressão característica do fatalismo árabe - maktub ("Assim estava escrito").

Ingredientes
700 g de trigo fino
1kg de carne bovina (patinho)
sal a gosto
pimenta-síria a gosto
2 pedras de gelo
azeite a gosto
hortelã a gosto
cebola a gosto
cebolinha verde a gosto

Modo de preparo

Lave o trigo, deixe de molho por 20 minutos. Esprema bem e reserve.

Limpe a carne, retirando todos os nervos e gorduras. Corte em cubos. Moa a carne, junte o trigo, sal, pimenta-síria, as pedras de gelo e torne a moer. Amasse bastante com as mãos. Monte em uma travessa, regue com azeite e acompanhe com hortelã, cebola e cebolinha verde.

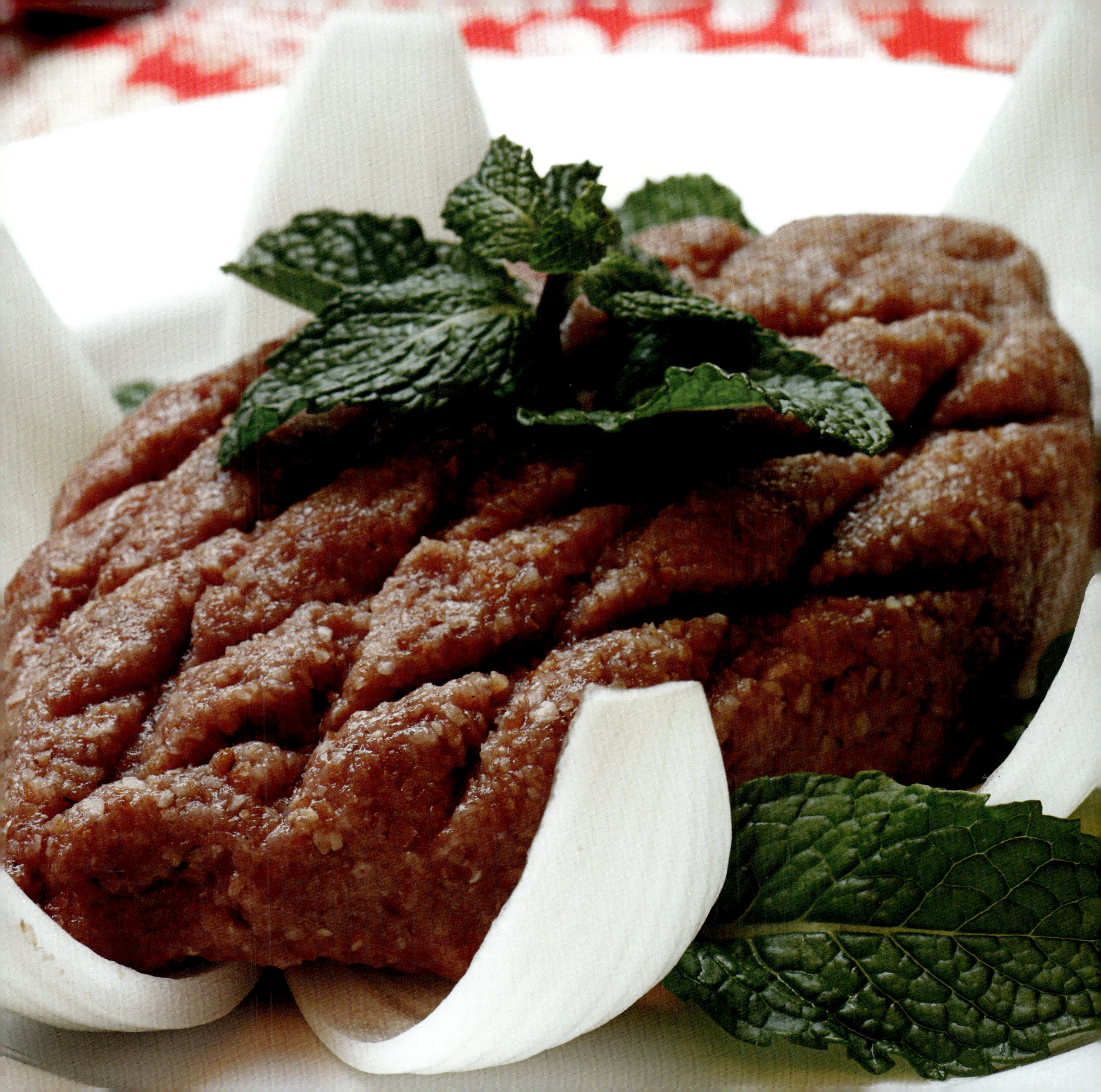

Rendimento: 5 porções | Tempo de preparo: 1 hora e 10 minutos (mais 2 dias para dessalgar o bacalhau)

Folha de Uva

Bacalhau Mourisco

Ingredientes

1kg de bacalhau salgado

sal a gosto

1kg de batatinhas holandesas

3 folhas de louro

1kg de grão-de-bico

1 limão

8 dentes de alho

meio maço de salsa picada

3 abobrinhas italianas

1 lata pequena de azeite de oliva (200ml)

1kg de camarões

4 cebolas picadas

Modo de preparo

Dessalgue o bacalhau da maneira tradicional. Afervente por 5 minutos, limpe os espinhos e separe-o em lascas.

Salgue as batatas, junte as folhas de louro e asse-as com casca. Amasse-as com as mãos para ficarem achatadas.

Cozinhe o grão-de-bico "al dente", tempere-o com o limão, sal, 2 dentes de alho e um pouco da salsa.

Fatie as abobrinhas em rodelas e passe-as rapidamente em um pouco de azeite quente.

Frite os camarões no azeite com 2 dentes de alho socados e 2 cebolas picadas.

Fatie em pequenas rodelas os dentes de alho restantes e frite-os no azeite, sem dourar.

Pique as cebolas restantes e frite-as no azeite sem dourar.

Montagem

Em uma travessa refratária ou panela de barro, monte camadas de batatas intercalando com camadas de pedaços graúdos de bacalhau, de abobrinhas e de grãos-de-bico. Cubra com as cebolas e o alho que foram fritos no azeite. Acrescente o restante da salsa picada e os camarões, regue com o restante do azeite e leve ao forno.

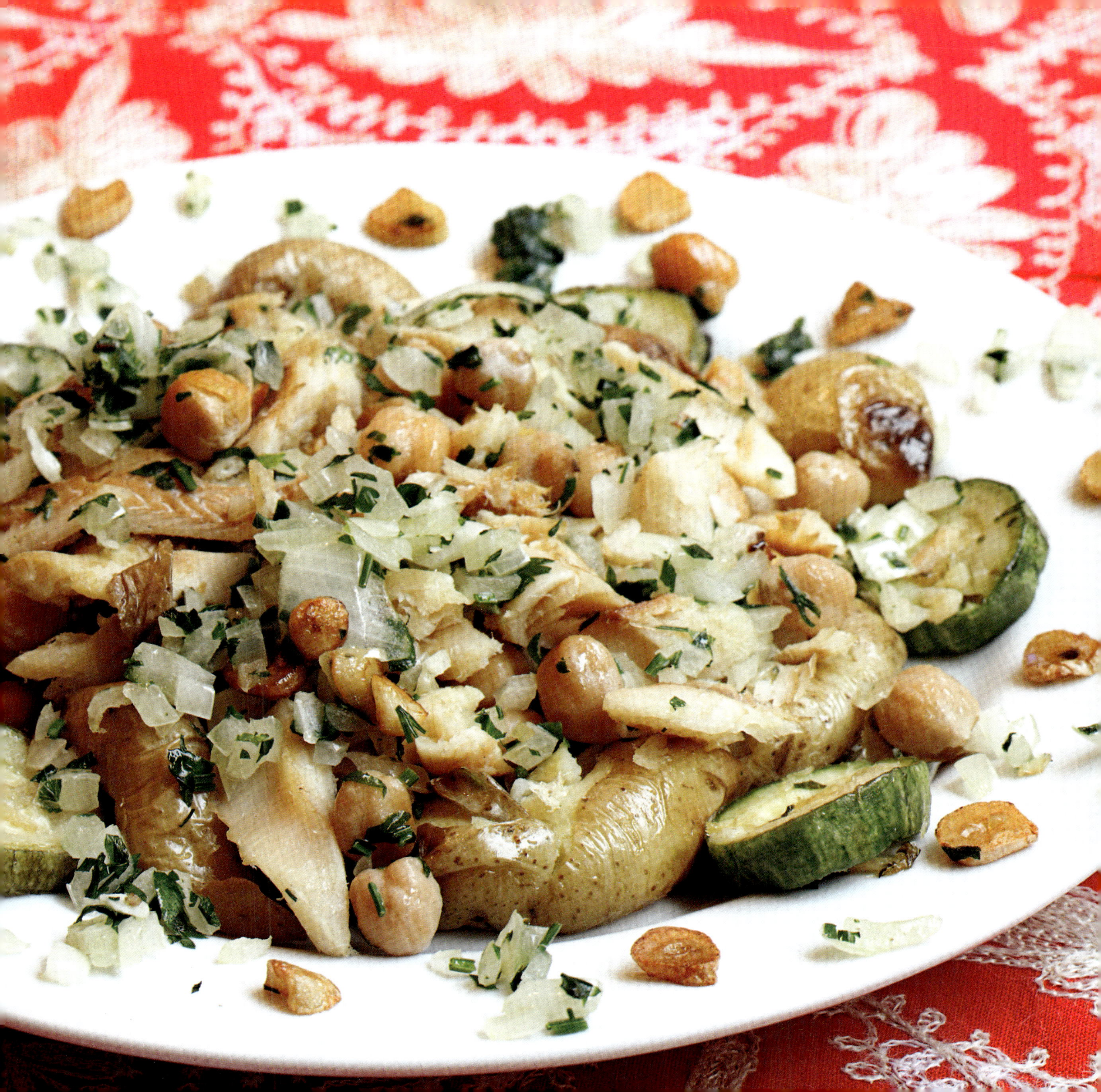

Rendimento: 6 porções | Tempo de preparo: 50 minutos
(mais 12 horas da marinada do cordeiro)

Folha de Uva

Fatti de Cordeiro

Ingredientes
1kg de carne de cordeiro
500g de coalhada fresca
sal a gosto
5 dentes de alho socado com sal
hortelã seca a gosto
pimenta árabe a gosto
500g de grão-de-bico
50g de snoubar
100g de manteiga sem sal
torradas de pão árabe
hortelã fresca a gosto

Modo de preparo

Tempere de véspera a carne do cordeiro com metade da coalhada fresca, sal, quatro dentes de alho, metade da hortelã seca e pimenta árabe.

Cozinhe o grão-de-bico na própria água em que esteve de molho por 6 horas. Retire a água do grão-de-bico e com ela cozinhe o cordeiro.

Doure o snoubar com meia colher (sopa) de manteiga e reserve.

Misture a coalhada fresca restante com o alho e o restante da hortelã seca. Reserve.

Montagem do prato

Em uma travessa, arrume o cordeiro cortado em cubos. Cubra os cubos de cordeiro com o grão-de-bico. Adicione a coalhada fresca temperada. Adicione as torradas em pequenos pedaços e o snoubar. Derreta o restante da manteiga até estar bem dourada e espalhe por cima de tudo. Pique a hortelã fresca bem miudinha e espalhe pelo prato.

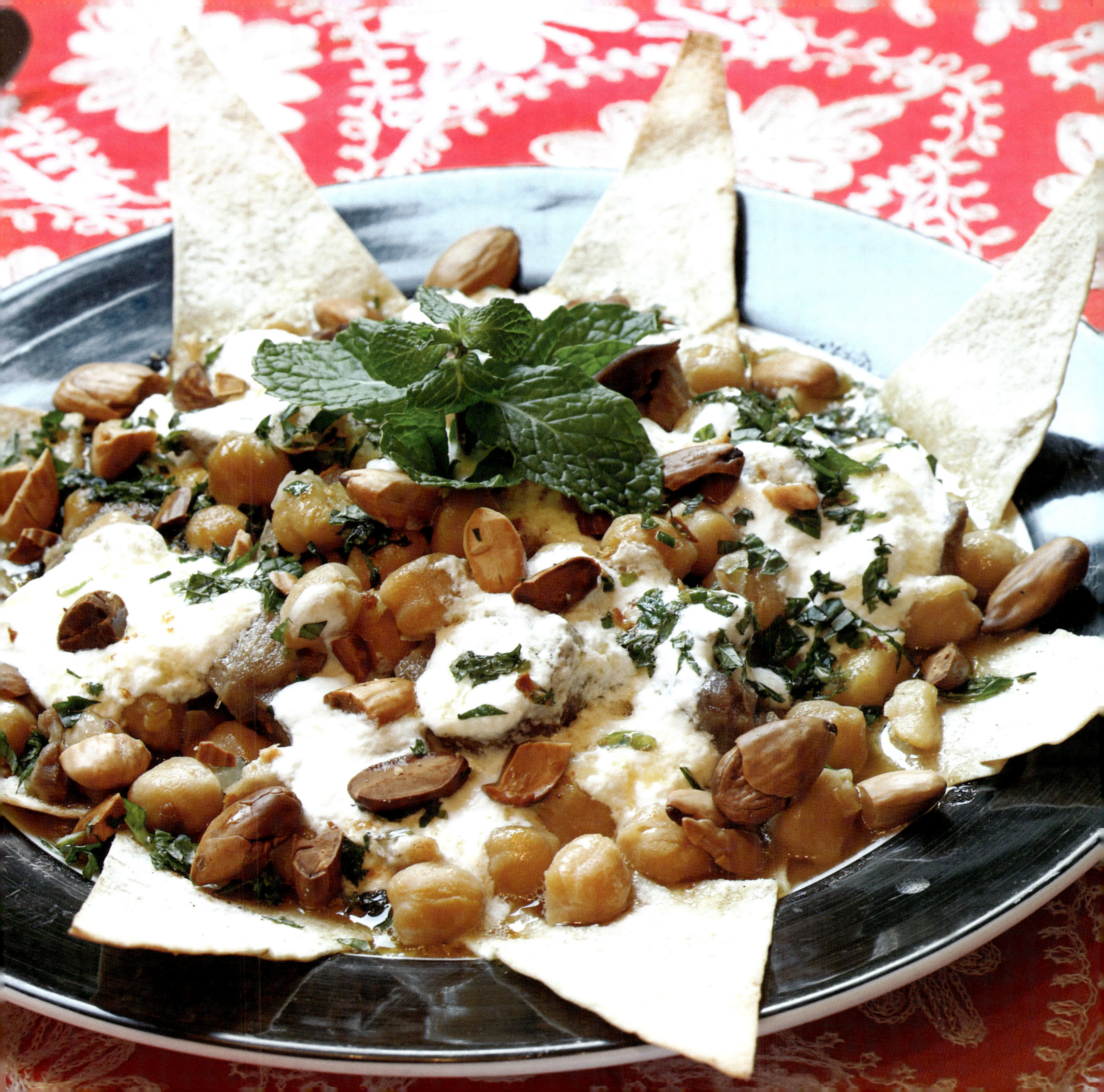

Rendimento: 7 porções | Tempo de Preparo: 1 hora

Arroz com Lentilha — Mjadara

Aida Oumairi
Le Liban - Curitiba

Relativamente novo, o restaurante Le Liban vem merecendo amplo destaque no mapa gastronômico da capital paranaense. Sua proprietária, Aida Oumairi, uma experiente cozinheira de forno e fogão nas requintadas tradições do seu país de origem, o Líbano, é capaz de apresentar verdadeiros prodígios em matéria de receitas daqueles cantos do Oriente Médio. Em 2007, ela inaugurou o próprio restaurante, somando forças com a família e contando diretamente com a participação dos dois filhos, Ali e Fadia, que desde muito jovens foram iniciados nos segredos da cozinha ancestral e familiar.

No Le Liban, é possível experimentar variedade de pratos: Aida Oumairi, além dos domínios e da prática diária na cozinha do seu restaurante, vive e respira o mundo da gastronomia com aquele verdadeiro prazer de quem adora o que faz: nas horas vagas, ela se dedica a leitura de livros de cozinha, aos dvds do gênero e ainda não deixa de viajar anualmente para a 'terra-do-cedro', e a outros países da vizinhança médio-oriental. Modestamente, ela justifica suas andanças culinárias: "Para me manter atualizada e trazer um pouco do perfume, das especiarias e mistérios que fazem daquela, uma cozinha sem paralelos no mundo" — esquecendo de acrescentar que o 'paralelo' provavelmente deve estar bem ali, no seu endereço curitibano.

Ingredientes
1kg de cebola
250ml de óleo de soja
1 litro de água
500g de lentilhas
500g de arroz
sal a gosto
azeite

Modo de preparo
Pique a cebola e frite no óleo até que fique escura. Acrescente a água e deixe ferver. Acrescente a lentilha e cozinhe até que comece a amolecer. Acrescente o arroz lavado e o sal. Deixe em fogo baixo, até o ponto de cozimento do arroz. Desligue o fogo e regue com azeite.

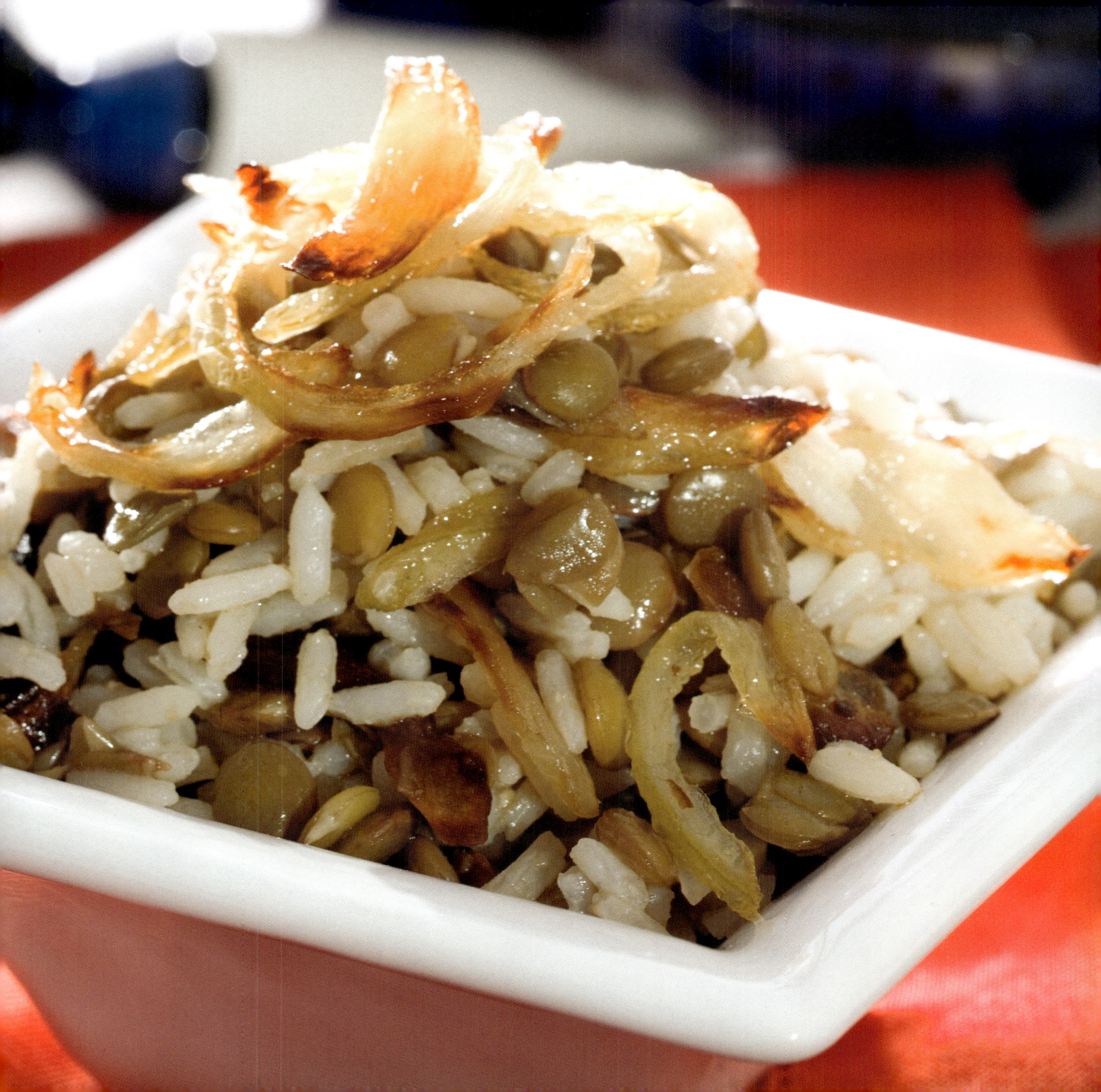

Rendimento: 6 porções | Tempo de preparo: 45 minutos

Le Liban

Batata Recheada com Carne e Snoubar

Ingredientes
6 batatas grandes descascadas
1/3 de xícara (chá) de óleo
10g de snoubar (pinholes)
2 cebolas picadas
500g de carne moída
sal, pimenta-do-reino e pimenta-síria a gosto
salsinha picada a gosto para decorar

Molho
2 xícaras (chá) de água
suco de 1 limão
sal a gosto
1 colher (sopa) de farinha de trigo

Modo de preparo
Fure as batatas (com furador de abobrinhas) e frite. Reserve.

Frite o snoubar no óleo e reserve.

Com o mesmo óleo, frite as cebolas até que fiquem transparentes. Acrescente a carne, sal, pimenta-do-reino e pimenta síria. Refogue bem até que a carne fique bem frita. Acrescente o snoubar. Recheie as batatas e organize em um pirex.

Molho
Leve tudo ao fogo e mexa até engrossar.

Montagem
Regue as batatas com o molho e leve ao forno até aquecer bem. Salpique a salsinha e sirva com arroz com aletria.

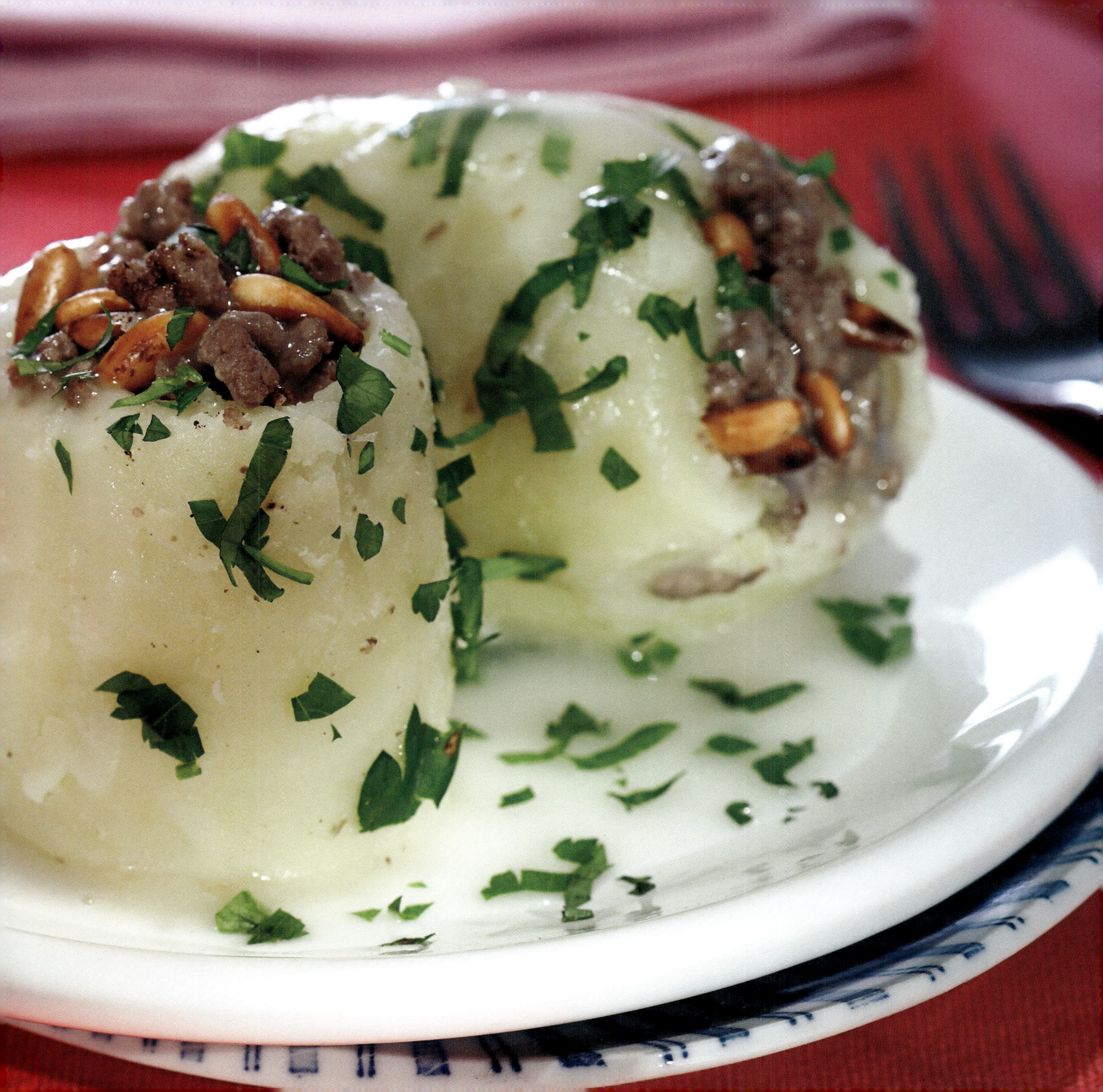

Rendimento: 6 porções | Tempo de preparo: 50 minutos

Le Liban

Ataif de Nata com Pistache

Ingredientes

1 xícara e meia (chá) de farinha de trigo
3 xícaras (chá) de leite
3 colheres rasas (chá) de fermento químico em pó
2 colheres rasas (chá) de açúcar
1 colher rasa (chá) de sal
300g de nata batida fresca
farelo de pistache para decorar

Calda

2 xícaras (chá) de água
4 xícaras (chá) de açúcar
10 gotas de suco de limão
1 colher (sopa) de água de flor-de-laranjeiras

Modo de preparo

Bata a farinha de trigo, o leite, o fermento, o açúcar e o sal no liquidificador. Aqueça uma frigideira antiaderente de 10cm de diâmetro. Despeje uma xícara (café) da mistura do liquidificador. Retire assim que a massa estiver seca e assada (tempo aproximado 2 a 3 minutos). Reserve sobre um pano bem seco. Repita a operação até terminar a mistura. Recheie cada massa com uma colher (sopa) de nata batida e feche as extremidades.

Calda

Leve tudo ao fogo, menos a água de flor-de-laranjeiras. Deixe ferver em fogo alto por 30 minutos. Mexa de vez em quando. Desligue o fogo, acrescente a água de flor-de-laranjeiras. Deixe esfriar.

Montagem

Salpique os pistaches e regue com a calda de flor-de-laranjeiras.

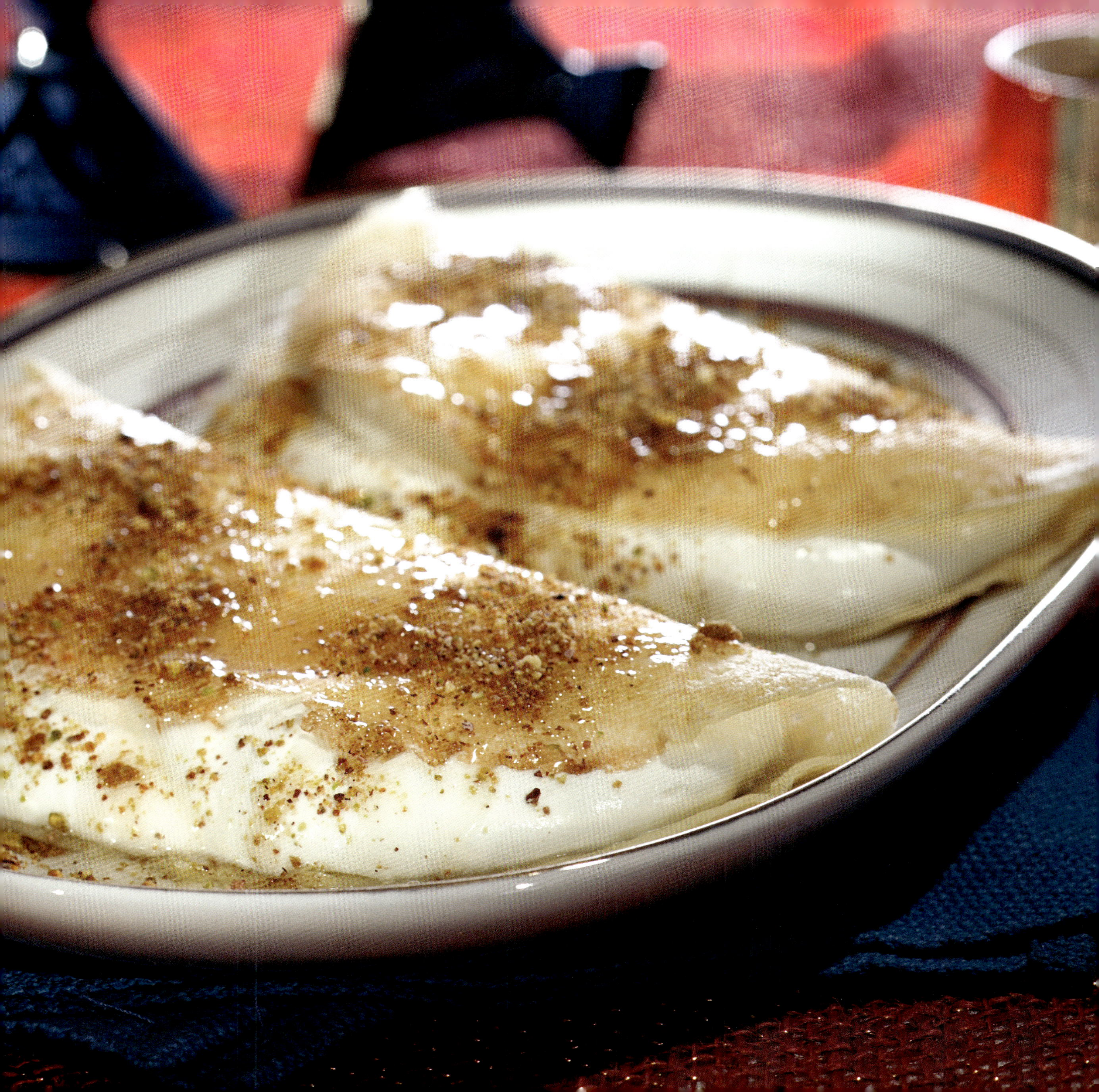

Barbara Kerr
Rulla Kebab - São Paulo

Interessada pelas artes da mesa desde criança, a chef de cozinha Barbara Kerr iniciou sua experiência profissional nos Estados Unidos, trabalhando em São Francisco no restaurante Rubicon. De volta ao Brasil, participou da implantação do primeiro curso superior de gastronomia do país, o da Universidade Anhembi Morumbi, onde foi professora de várias áreas.

Depois de quase sete anos lecionando e atuando como chef, Barbara resolveu conhecer de perto uma cultura que a fascinava de há muito, e em 2003 embarcou para uma estadia de quatro anos pelo Oriente. Neste período, durante o qual percorreu 12 países, ela tomou contato não apenas com as cozinhas 'turísticas' de cada um, mas também com as receitas familiares e os pratos de rua consumidos no cotidiano.

Desde então, tornou-se conhecida como especialista em temas orientais e tem se dedicado a transmitir seu conhecimento sobre cozinha dessas localidades, ministrando aulas e cursos, além de prestar consultoria para restaurantes, entre os quais o Rulla Kebab.

Rendimento: 4 porções | Tempo de Preparo: 45 minutos

Pudim de Leite com Calda de Maracujá

Ingredientes
Muhallabeya (pudim)

130g de açúcar impalpável; 4-5 grãos de mastic moídos com 1 colher (chá) de açúcar impalpável; 50g de amido de milho; 4 xícaras (chá) de leite; 1 xícara (chá) de água; 75ml de água de flor de laranjeira

Calda de Maracujá

500g de polpa de maracujá; 100g de açúcar impalpável; 60ml de glucose de milho; flores comestíveis para decorar

Modo de preparo
Muhallabeya (pudim)

Coloque o açúcar, o mastic moído e o amido em uma vasilha e despeje 100ml do leite para formar uma pasta. Coloque o restante do leite e a água em uma panela. Adicione a pasta e mexa bem. Leve ao fogo mexendo bem e quando ferver, retire do fogo e adicione a água de flor de laranjeira. Coe a mistura e espere amornar. Distribua o pudim entre 4 taças bonitas, e cubra cada uma delas com filme plástico para impedir que se forme uma película em cima dos cremes.

Calda de Maracujá

Coloque a polpa em um processador e bata por 1 minuto para quebrá-la. Passe por uma peneira fina para obter o suco.

Em uma panela, coloque o suco de maracujá, o açúcar e a glucose. Leve a ferver, abaixe o fogo e ferva lentamente por 10 minutos, para formar uma calda bem amarelada e consistente.

Momentos antes de servir, despeje a calda por cima dos pudins e decore com flores comestíveis.

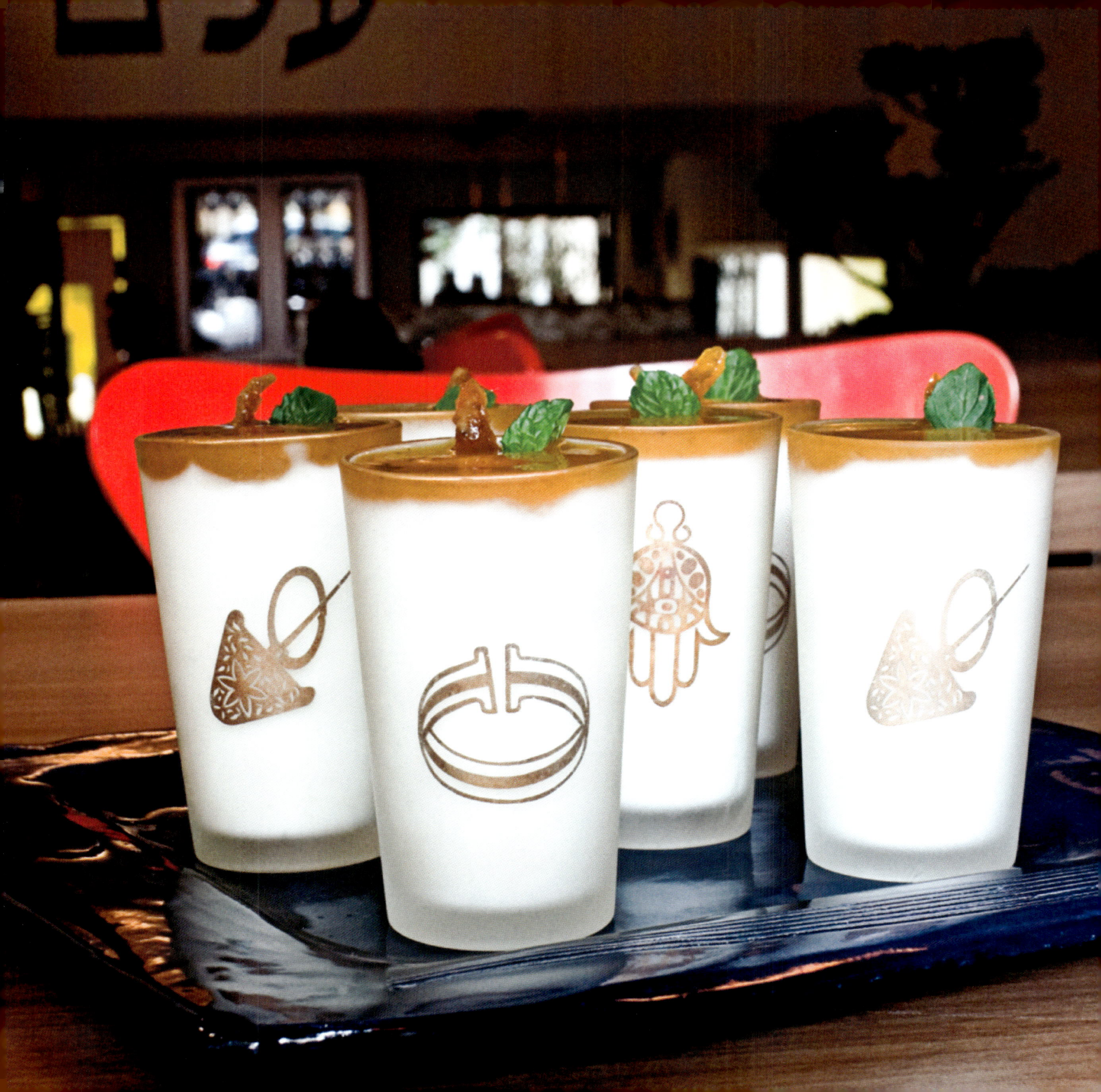

Rendimento: 4 porções | Tempo de preparo: 1 hora e 10 minutos

Rulla Kebab

Salada doce de Halawa e Goiaba com Sorbet de Melancia e Água de Rosas

Ingredientes

Sorbet

800g de melancia sem sementes cortada em pedaços
70ml de xarope de glucose
200g de açúcar impalpável
200ml de água
suco de 2 limões
50ml de água de rosas ou a gosto

Xarope de Baunilha

50ml de água
50g de açúcar impalpável
meia fava de baunilha cortada ao meio e raspada
raspas de meio limão

Salada

2 goiabas vermelhas picadas
1 caixinha de morangos picados (ou amoras, se preferir)
12g de folhas de hortelã picadas
100g de halawa de pistache
30g de pistaches sem sal picados
30g de castanha-do-pará picada
30g de castanha-do-caju picada
pétalas de violeta ou rosas secas para decorar

Modo de preparo

Sorbet

Coloque os pedaços de melancia em um processador ou liquidificador e bata bem. Passe o suco por um coador e reserve.

Em uma panela, coloque a glucose, o açúcar e a água e leve a ferver por 5 minutos. Misture com o suco de melancia e deixe esfriar. Adicione o suco dos limões e a água de rosas. Despeje a mistura na máquina de sorvete e bata-o de acordo com as instruções do fabricante.

Xarope de Baunilha

Coloque a água, o açúcar, a fava de baunilha e as raspas do limão em uma panela e leve à fervura. Abaixe o fogo e ferva lentamente por 5 minutos, retire do fogo e deixe esfriar. Remova a fava da baunilha.

Salada

Coloque as goiabas e os morangos em uma vasilha e despeje xarope. Mexa delicadamente.

Montagem

Para servir, divida as frutas entre 4 taças, coloque uma bola de sorbet em cada uma delas, um pedaço de halawa de pistache e guarneça com as castanhas moídas. Decore com pétalas de rosas ou violetas secas, se quiser.

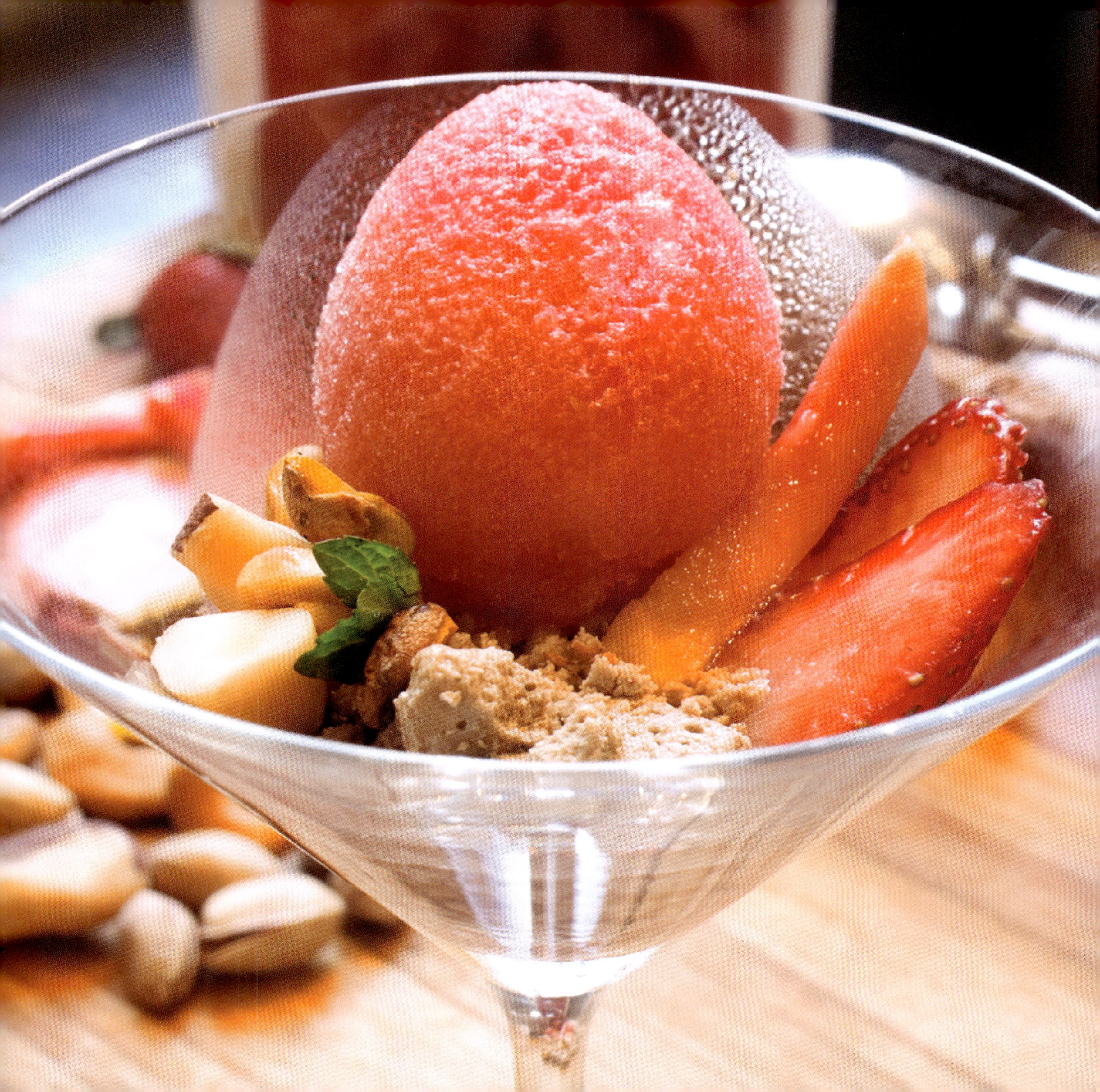

Rendimento: 4 porções | Tempo de preparo: 1 hora e 45 minutos

Rulla Kebab

Torta Filo de Semolina e Catupiry com Praline de Laranja e Amendoim

Ingredientes

Praline

200g de açúcar impalpável

200g de amendoim sem pele e ligeiramente tostado

raspas de 2 laranjas

Recheio de Semolina

1 colher (sopa) de água de flor de laranjeira

1 litro de leite

raspas de 1 limão

raspas de 1 laranja

8 gemas

2 ovos inteiros

220g de açúcar impalpável

90g de semolina fina

60g de manteiga sem sal, em temperatura ambiente

Recheio de Catupiry

2 gemas

200g de queijo catupiry

2 claras

50g de açúcar impalpável

Montagem

1 xícara (chá) de praline pronto

8 folhas de massa filo

200g de manteiga sem sal derretida

Modo de preparo

Praline

Em uma panela, coloque 30ml de água, o açúcar e leve ao fogo. Ferva até que o açúcar fique em ponto de fio. Adicione o amendoim. O açúcar irá se cristalizar e endurecer, mas continue mexendo até a mistura virar um caramelo. Espalhe a mistura em uma forma coberta com papel manteiga. Polvilhe as raspas das laranjas por cima e deixe esfriar. Quando estiver completamente frio, quebre-o em pedaços com a ajuda de um pau de macarrão. Transfira os pedaços para um pilão e soque bem até que o praline fique com o tamanho de migalhas de pão. Reserve.

Recheio de Semolina

Aqueça o forno a 160°C. Coloque a água de flor de laranjeira, o leite e as raspas do limão e da laranja em uma panela e leve para ferver. Deixe amornar. Em uma vasilha, misture as gemas, os ovos, o açúcar, a semolina e bata para que a mistura fique homogênea. Coe a mistura de leite em cima dos ovos, mexa bem e volte toda a mistura para a panela, cozinhando em fogo baixo até que o creme engrosse. Adicione a manteiga e mexa bem. Transfira o recheio de semolina para uma tigela, cubra com papel alumínio e leve ao forno, em banho-maria, por cerca de 60-70 minutos. Retire e deixe esfriar. Reserve.

Recheio de Catupiry

Bata na batedeira as gemas com o queijo. À parte, bata as claras em neve juntamente com o açúcar até formar picos firmes. Junte as claras ao catupiry e reserve na geladeira.

Montagem

Acenda o forno a 200°C. Corte os dois recheios em retângulos pequenos. Estenda uma folha filo na bancada e pincele manteiga derretida. Espalhe na metade da massa um pouco do praline pronto e dobre a outra metade por cima. Pincele novamente manteiga e corte a massa em formato de diamante. Disponha um pedaço do recheio de semolina no meio da massa e mais uma colherada do recheio de catupiry por cima da semolina. Dobre cada ponta do diamante ao meio, formando um envelope. Pincele manteiga nos dois lados da tortinha. Repita a operação com as folhas filo restantes. Leve para assar por 6 a 8 minutos, ou até que as tortas estejam douradas. Sirva-as imediatamente, polvilhadas de açúcar impalpável ou então regadas com um pouco de caramelo aromatizado com laranja.

Se quiser, sirva com um pouco de frutas (picadas) que estiverem na estação, como nectarinas, morangos, pêssegos, jaca, pitanga, banana da terra cozida entre outras.

Bibliografia

As citações dos Chefs e donos de restaurantes dentro da parte histórica são extraídas de entrevistas feitas pelo Memorial da Imigração de São Paulo e pelo centro de pesquisa do Professor Ricardo Maranhão, da Universidade Anhemi Morumbi.

Histórias da Imigração no Brasil – As Famílias, Collective autorship, São Paulo: Cultura Brasileira, sem data.

AMORIM, Celso, "Uma agenda de cooperação com o mundo árabe", in Valor Econômico, 02/12/2003.

CHOUEIRI, R. N., *O Patrimônio Cultural do Líbano*, São Paulo: ed. Líbano-Hadeth, 2002.

DUOUN, Taufik, *A Emigração Sírio-libanesa às Terras da Promissão*, São Paulo: Tipog. Editora Árabe, 1944, p. 93-94.

KNOWLTON, Clark S., *Sírios e Libaneses: Mobilidade Social e Espacial*, São Paulo: Anhembi, 1960.

LOMBARD, Maurice, *O Islame e sua Civilização*, Lisboa: Edições Cosmos, 1969.

NEVES, Eduardo, *Os Árabes Acreanos*, São Paulo: Ediouro, 2006.

PINTO, S., JOLO, R. and BERLATO, S., *A Culinária Árabe em São Paulo: Um estudo histórico gastronômico*, São Paulo: Anhembi Morumbi University, 2008.

ROUX, George, *Ancient Iraq*, Londres: Penguin, 1993 (terceira edição).

SAFADY, Jamil, "Panorama da Imigração Árabe", in *Obras Completas* - V. 1ed, São Paulo: Comercial Safady Ltda., Brasil, sem data.

TRUZZI, Oswaldo, *De Mascates a Doutores*, São Paulo: Ed. Sumaré, 1991.

VARELLA, Flávia, "Patrícios- dinheiro, diploma e voto: a saga da imigração árabe", in VEJA ON-LINE, ed. 1669, 04/10/2000.

O cálculo da consomação cotidiana de esfihas foi baseado em informações da rede Habib's somadas com dados estimados por Percival Maricatto, da ABRESI.

O texto da página 21 foi tirado do site www.islam.org.br

Créditos de Fotos e Ilustrações

pág. 5, 7, 8, 12 e 18: Memorial do Imigrante, São Paulo, pág. 6: "Vendeur de Café par les rues", in "Receuil de cent estampes représentant différentes nations du levant tirées sur les tableaux peints d'après nature en 1707 et 1708." Paris, 1714, pág. 10: Marc Ferrez / Memória Viva, pág. 11: Arquivo de Negativos I/DPH - Prefeitura de São Paulo, pág. 14 e 15 (b): *Histórias da Imigração no Brasil – As Famílias*, Autoria coletiva, São Paulo: Cultura Brasileira, sem data, pág. 15 (a): Divulgação Club Sírio, pág. 16: Divulgação Hospital Sírio-Libanês, São Paulo, pág. 20: Heudes Regis / Editora Abril, pág. 22 (a, b e c): Manon Bourgeade, pág. 23: Antonio Costa, pág. 24, 28: Fotografia cedida pelo restaurante Brasserie Victoria, São Paulo, pág. 26: Acervo pessoal do Sr. Samir Cauerk Moysés, pág. 27: Fotografia cedida pelo restaurante Le Liban, Curitiba, pág. 31 (a): Divulgação Habib's, pág. 31 (b): Divulgação Mister Sheik, pág. 34: Fotografia cedida pelo restaurante Baalbek, Porto Alegre, pág. 36-41: Fotografias cedidas pelo restaurante Arábia, São Paulo, pág. 60: Fotografia cedida pelo restaurante Almanara, São Paulo, pág. 66-71: Fotografias cedidas pelo restaurante Baalbek, Porto Alegre, pág. 84: Fotografia cedida pelo restaurante Le Liban, Curitiba

Editora Boccato Ltda. EPP
Rua Afonso Brás, 473 - cj. 33
04511-011 - Vila Nova Conceição
Tel.: 11 3846-5141
www.boccato.com.br

Editora Gaia LTDA.
(pertence ao grupo Global Editora e Distribuidora Ltda.)
Rua Pirapitingui, 111-A - Liberdade 01508-020
São Paulo - SP - Brasil (11) 3277-7999
www.globaleditora.com.br - gaia@editoragaia.com.br
Nº de Catálogo: 3137

Edição: André Boccato
Coordenação Editorial: Manon Bourgeade / Maria Aparecida C. Ramos
Fotografias: Estúdio Paladar - Cristiano Lopes / Emiliano Boccato
Produção: Airton G. Pacheco
Consultoria gastronômica: Estúdio Paladar - Aline Maria Terrassi Leitão / Isabela R. B. Espíndola
Direção de Arte: Eduardo Schultz
Diagramação: Arturo Kleque G. Neto / Eduardo Schultz / Manon Bourgeade
Tratamento de Imagens: Arturo Kleque G. Neto / Eduardo Schultz
Revisão: Maria Luiza Momesso Paulino
Assistente de pesquisa: Jezebel Salem
Gestão Geral do Projeto: Arte & Atitude Comunicação e Marketing de Marca - Monique Mendonça

Editora Gaia - Diretor Editorial: Jefferson L. Alves
Diretor de Marketing: Richard A. Alves
Gerente de Produção: Flávio Samuel
Coordenadora Editorial: Dida Bessana
Assistente Editorial: João Reynaldo de Paiva
Impressão: Prol Editora Gráfica Ltda

Estúdio Paladar
Fotografias culinárias e cozinha experimental
Rua Valois de Castro, 50
04513-090 - Vila Nova Conceição
Tel.: 11 3044-4385
www.estudiopaladar.com.br

Dados Internacionais de Catalogação na Publicação (CIP)
(Câmara Brasileira do Livro, SP, Brasil)

Maranhão, Ricardo
 Árabes no Brasil : história e sabor / Ricardo Maranhão e Estúdio Paladar. -- 1. ed. -- São Paulo : Gaia, 2009.

 ISBN 978-85-7555-215-5

 1. Árabes - Brasil - História 2. Árabes - Cultura 3. Culinária árabe 4. Receitas I. Estúdio Paladar. II. Título.

09-09815   CDD-641.5953

Índices para catálogo sistemático:

1. Cozinha árabe : História e culinária 641.5953

As fotografias das receitas deste livro são ensaios artísticos, não necessariamente reproduzindo as proporções e realidade das receitas, as quais foram criadas e testadas pelos autores, porém sua efetiva realização será sempre uma interpretação pessoal dos leitores.